Dav

La Philo
Sans aspirine

Traduit de l'anglais par Marie Surgers-Vescovi

Flammarion

Titre original de l'ouvrage :
Introducing Philosophy

ISBN : 2-08-068034-X

Questions

En général, les gens sont trop occupés pour s'intéresser à la pensée dite « philosophique » : soit ils passent leur temps à se battre pour survivre, soit ils savourent leur petite vie tranquille. Mais il arrive que des empêcheurs de penser en rond prennent le temps de poser des questions qui semblent toutes bêtes, mais dont les réponses, elles, ne sont *jamais* toutes bêtes.

Qu'est-ce que la réalité ? Que sont réellement les hommes ?
Quelle est la particularité de l'esprit humain, de la conscience ?
Pouvons-nous avoir des certitudes ?
Y a-t-il une réelle différence entre un bon et un mauvais argument ?
Qu'est-ce que la vérité ? Qu'est-ce que le sens ?
Comment vivre ensemble ? Comment organiser la société ? Les gouvernements sont-ils chose souhaitable ?

Qu'est-ce que la philosophie ?

Les questions philosophiques peuvent sembler éloignées de nos préoccupations quotidiennes. Malgré tout, les philosophes cherchent des réponses satisfaisantes. Parfois, ils trouvent. On a dit parfois !

Certains philosophes pensent que la philosophie doit naître de la *discussion*, du *débat d'idées*, d'autres qu'elle ne pourra jamais venir que du *raisonnement déductif*.

Mais tous croient que les philosophes doivent prouver ou expliquer leurs idées. Et c'est cette obligation qui constitue la seule vraie différence entre philosophie et religion.

Les théocraties

Les Égyptiens étaient d'excellents mathématiciens qui se servaient de la géométrie pour construire leurs tombeaux, mais faisaient de piètres philosophes. La façon dont leur religion expliquait le monde est riche et imagée, mais guère convaincante sur le plan philosophique. Les Babyloniens se distinguaient également en mathématiques et en astronomie.

Les sociétés théocratiques, gouvernées par des castes de prêtres, sont en général statiques et adeptes de la pensée unique. Elles favorisent les explications orthodoxes, et font tout pour décourager la singularité. Les croyances ne doivent pas évoluer.

Les Grecs

C'est la Grèce antique qui a inventé la philosophie, mais personne ne sait vraiment pourquoi. Les Grecs étaient un peuple de commerçants dont l'empire s'étendait sur tout l'est de la Méditerranée ; ils ont repris à leur compte les mythes, l'architecture, les mathématiques venus des pays voisins. Mais certains philosophes grecs, jamais contents, pensaient que le monde obéissait forcément à un ordre, à une logique sous-jacente. Ils refusaient les explications religieuses. **Xénophane** (vers 560-478 av. J.-C.) était l'un d'eux.

Les premiers philosophes grecs cherchaient donc des réponses que nous appellerions aujourd'hui « scientifiques », et non « religieuses ».

La grande question des Milétiens

Les premiers vrais philosophes sont des Grecs excentriques qui vivaient à Milet, une colonie de l'actuelle côte turque, au VIe siècle avant notre ère. Ils se posaient la Grande Question : de quoi la réalité est-elle faite ? D'accord, c'est une question bizarre. La plupart des gens diraient que le monde est fait d'un tas de choses différentes, parce qu'à vue d'œil, c'est le cas. Mais les Milétiens disaient que ce que nous voyons n'est pas forcément ce qui est réellement.

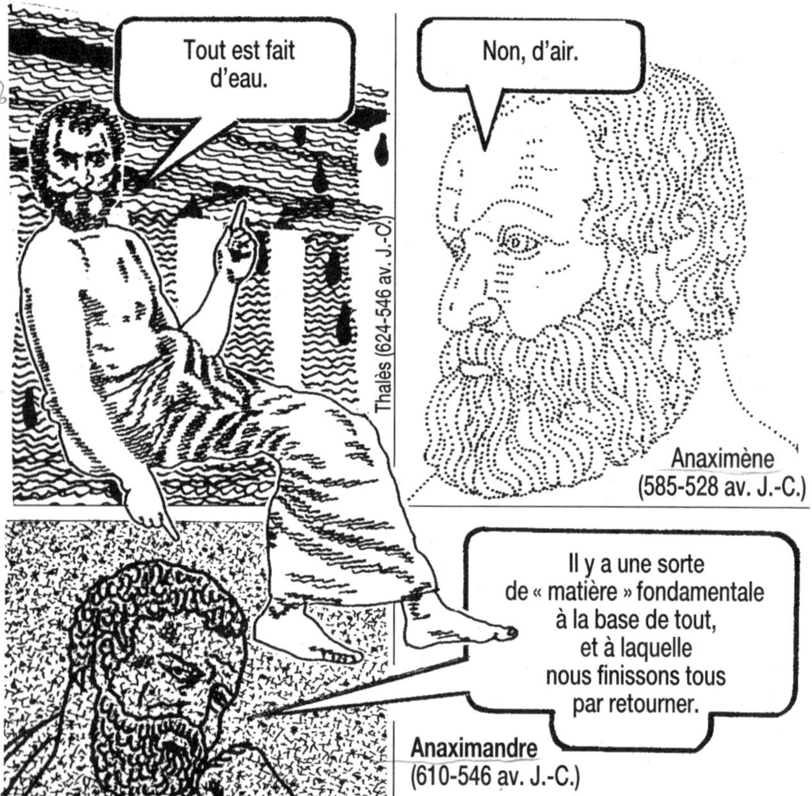

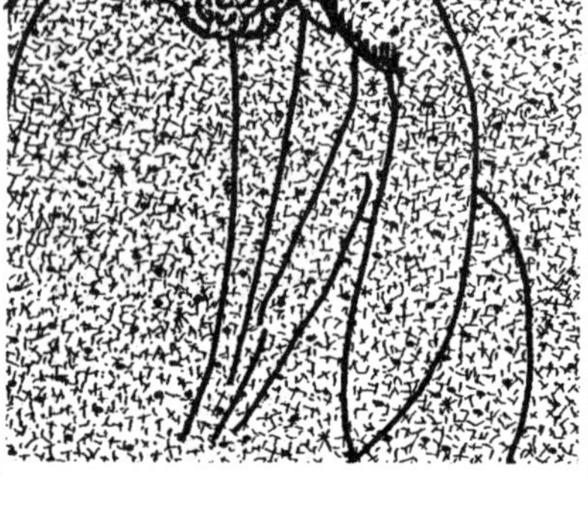

Anaximandre pensait également que la Terre ressemblait à une énorme colonne de pierre. On ne sait pas grand-chose de ces tout premiers philosophes-scientifiques assez étranges, si ce n'est qu'ils se basaient sur la réflexion et non sur l'expérimentation. Mais ils refusaient absolument toute explication purement surnaturelle.

Pythagore et les mathématiques

Pythagore (571-496 av. J.-C.) posait la même Grande Question, mais fournissait une réponse très différente. Il pensait qu'il s'agissait des *mathématiques*. Il vivait sur l'île de Samos avant d'émigrer à Croton, dans le sud de l'Italie, avec ses disciples. Végétarien, il croyait à la réincarnation et soutenait que manger des haricots était un péché. Ses disciples et lui vouaient un culte aux nombres, qui selon eux constituaient le monde. Pour preuves : la proportionnalité, les carrés et les triangles rectangles. La grande avancée de Pythagore a été de comprendre que les vérités mathématiques devaient être prouvées et non simplement acceptées. Son rapport mystique avec les nombres nous paraît aujourd'hui loufoque. Pour lui, la Justice était le nombre 4, parce que c'était un carré. La découverte des nombres irrationnels, tels que Π et $\sqrt{2}$, lui causa un grand choc.

Il a même noyé un de ses disciples, Hipparsus de Tarente, qui avait révélé à des profanes cette vérité dérangeante. Comme quoi certains philosophes n'apprécient pas que leurs étudiants les contredisent.

Héraclite et le monde en mouvement

Héraclite, qui vivait aux alentours de 500 av. J.-C., aurait plus volontiers accepté l'idée d'un univers irrationnel. Il soutenait que tout change sans cesse, que le monde est constamment tiraillé en tous sens. Il l'a exprimé dans sa célèbre formule :

Son disciple **Cratyle** (vers 400 av. J.-C.) est allé plus loin :

Mais les idées d'Héraclite sont souvent mal interprétées : pour lui, l'univers possède bien une unité, une cohérence cachée. Les informations fournies par nos sens, auxquels nous faisons bêtement confiance, dépendent forcément de l'observateur.

Les montagnes montent ou descendent selon l'endroit où l'on se trouve. Mais les montagnes, c'est comme ça.

Si une rivière ne changeait pas tout le temps, ce ne serait pas une rivière. Pourtant, on sait que c'en est une. Héraclite a donc pu vouloir dire que la vraie connaissance vient de l'esprit, non de l'observation. Lui insistait sur la rapidité de ces changements, c'est peut-être pour ça que sa réponse à la Grande Question était que le monde est fait de feu : quelque chose de toujours changeant, et pourtant toujours lui-même.

Parménide

Parménide (515-450 av. J.-C.), originaire d'Élea, dans le sud de l'Italie, a écrit un long poème sur le pouvoir de la logique et de la connaissance. Il pensait avec Héraclite que le savoir empirique était trop subjectif. Aussi, les hommes ne devaient compter que sur leur raison pour découvrir les vérités permanentes.

Par un raisonnement parfaitement logique, il est arrivé à une idée intéressante à propos du temps : seul le présent existe réellement. Passé et avenir ne sont que des mots, ils n'existent pas. Les philosophes modernes continuent à admirer Parménide parce qu'il était prêt à accepter toute conclusion tirée d'un raisonnement déductif rigoureux, même si elle semblait bizarre.

Zénon et le paradoxe du mouvement

On connaît surtout son disciple **Zénon** (490-430 av. J.-C.) pour ses paradoxes sur la relation entre l'espace et le temps. Le plus connu concerne une course opposant Achille à une tortue. Achille, bon joueur, accorde un avantage à la tortue, plus lente. Mais Achille s'aperçoit qu'il n'arrive pas à rattraper son adversaire.

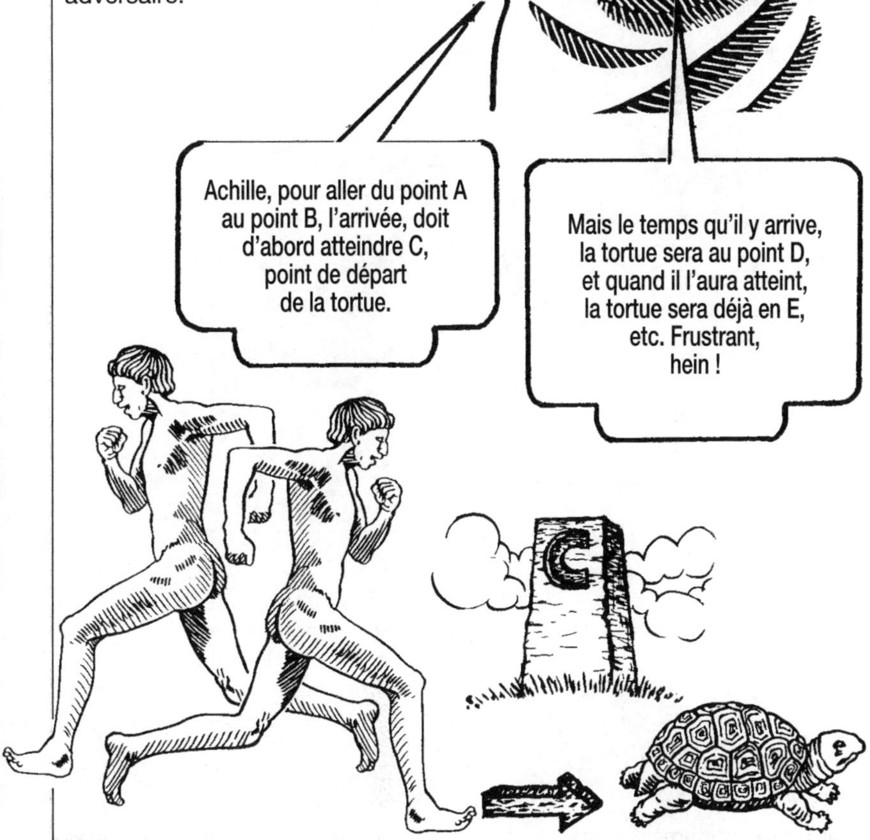

La tortue sera toujours un peu devant Achille. Impossible de la rattraper. Et ça continue à tracasser des philosophes, des mathématiciens et des physiciens. Et puis il y a autre chose. Comme son maître Parménide, Zénon sous-entend qu'au fond le mouvement, le changement, ça n'existe pas.

ici le résumé/raccourci me semble trop abrupt...

Empédocle et les quatre éléments

Empédocle (490-430 av. J.-C.) vivait en Sicile, alors colonie grecque. C'était un médecin qui lui aussi a fourni une réponse à la Grande Question.

Parler de ces nouvelles forces était une tentative pour expliquer comment les substances complexes sont formées et détruites. Il est probable que ses idées l'ont conduit à croire en un cycle de réincarnations fait de destructions et de créations enchaînées. Il affirmait avoir été « un garçon et une fille, un buisson, un oiseau et un poisson » avant d'être Empédocle. Il s'est jeté dans le cratère de l'Etna, peut-être pour fournir une preuve à sa philosophie.

Les atomistes

Anaxagore (500-428 av. J.-C.) a expliqué pourquoi nous sommes ce que nous mangeons. Tout est un mélange. Il y a donc du sang, de la chair, des os, des cheveux et des ongles dans le froment, et c'est ainsi que la nourriture constitue le corps humain.

Démocrite l'Atomiste (460-370 av. J.-C.), un contemporain de Socrate, est célèbre pour sa conception de la matière, qui préfigure de manière étonnante les théories de la physique atomique du XXe siècle.

Et voilà Socrate !

Toutes ces théories sur l'esprit et la nature du monde sont appelées « pré-socratiques ». Ce qui est remarquable, c'est que certaines sont très proches des théories scientifiques du XXe siècle. Et ils avaient trouvé tout ça sans accélérateurs de particule, rien qu'en se creusant la tête !

Socrate (470-399 av. J.-C.) vivait à Athènes, au Ve siècle avant notre ère. Athènes était alors une petite « cité-État » à la tête d'un puissant empire méditerranéen. Beaucoup d'Athéniens possédaient des esclaves, et ainsi avaient plein de temps libre pour inventer le théâtre, l'histoire, l'astronomie et la philosophie. Ils étaient convaincus d'être la nation la plus civilisée au monde, et c'était sans doute vrai.

Le relativisme culturel

L'historien **Hérodote** (484-424 av. J.-C.) a beaucoup voyagé hors de Grèce, et a découvert des choses stupéfiantes sur les mœurs et les croyances des autres peuples. Des philosophes sophistes comme **Protagoras** (490-420 av. J.-C.) en ont vu toutes les implications. Du coup, il a posé des questions plutôt dérangeantes.

C'est facile de penser que nos croyances sont « naturelles » alors qu'elles ne sont que « culturelles ». Les sophistes ont donc changé le sujet principal de la réflexion philosophique. On est passé de la Grande Question à différentes interrogations sur les hommes et leurs sociétés.

↳ de quoi la réalité est-elle faite ? (p.8)

Protagoras le sophiste

Protagoras a dit : « L'homme est la mesure de tout. » Ça signifie qu'il n'y a pas de vérités objectives, seulement des croyances humaines limitées. Très relativiste, et même postmoderne, comme idée, non ? Il disait aussi que la philosophie n'était rien d'autre que de la rhétorique, l'art de convaincre par la parole (un talent plutôt utile en société !), et qu'étudier ces techniques ferait de ses disciples des « hommes de valeur ».

Socrate était petit, laid, négligé, avec un nez en pied de marmite. Son père était tailleur de pierre et sa mère sage-femme. Il avait épousé Xanthippe, une marchande de légumes qui supportait mal le caractère de son mari. Mais pour de nombreux jeunes Athéniens, il était un gourou charismatique — peut-être parce qu'il leur apprenait à tout remettre en question... C'est leurs parents qui devaient en avoir marre !

Le dialogue socratique

Socrate disait toujours qu'il ne savait rien, et c'est pour ça que l'oracle de Delphes l'appelait « l'homme le plus sage de Grèce ». Il encourageait ses disciples à débattre de ses idées, en général pour leur montrer à quel point c'est difficile d'apporter des réponses satisfaisantes aux questions philosophiques. Ce « dialogue socratique » introduisait le doute dans les esprits — comme c'est agaçant ! — ce qui explique sans doute pourquoi on le surnommait « la mouche du coche ».

On ne sait pas s'il pensait vraiment que le dialogue philosophique puisse déboucher sur les vérités ultimes de concepts tels que la Justice, qu'on aurait pu appliquer à des problèmes moraux et politiques bien précis. Pour lui, la vraie sagesse morale résidait en nous-mêmes : « la vertu est la connaissance ».

Condamné à mort

Malheureusement, Socrate avait des amis comme Critias, qui faisaient systématiquement exécuter les Athéniens qui critiquaient la « tyrannie des Trente ». Et quand celle-ci fut renversée, les démocrates prirent leur revanche, déclarèrent la « mouche du coche » coupable d'impiété et de corruption de la jeunesse, et le condamnèrent à mort. Courageux, Socrate but de la ciguë après avoir exposé ses idées à ses amis et disciples.

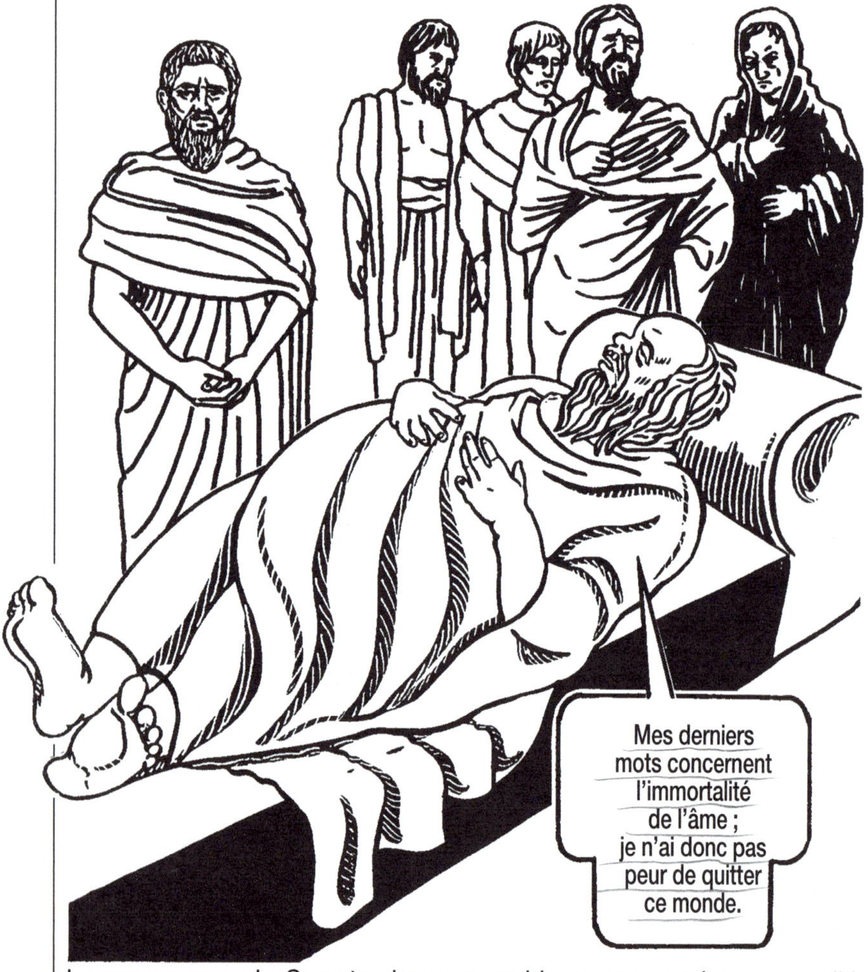

Le personnage de Socrate demeure ambigu : ses accointances politiques étaient déplorables, pourtant il a toujours défendu l'indépendance de la pensée face à la morale officielle. En tout cas, il a transformé la philosophie : celle-ci ne concernait plus la nature profonde de l'univers physique, mais la morale et la politique.

↳ un peu coe il est dit des sophistes, bas de p. 17

Platon et les rois-philosophes

Platon (427-347 av. J.-C.), l'un des disciples de Socrate, était au contraire de son maître un fervent partisan de l'autorité. Issu de l'aristocratie athénienne, il haïssait les démocrates qui avaient condamné Socrate à mort.

Il pensait que la décadence guettait les Athéniens et admirait les Spartiates, militaires sans pitié qui remportaient toutes les guerres contre Athènes. Il fut ensuite précepteur du fils de Dionysos I de Sicile — élève plein de mauvaise volonté — puis retourna à Athènes fonder son Académie. Son texte le plus célèbre est *La République*, dans lequel il détaille sa conception d'une société harmonieuse, donc parfaite, dirigée par de sages philosophes.

La doctrine de l'inné

Ce sont les écrits de Platon qui nous ont transmis le principe du dialogue socratique. Très tôt, il a donné ses lettres de noblesse à la doctrine de l'inné, c'est-à-dire l'idée que nous possédons tous, à la naissance, certains types de connaissances. Pour le démontrer, il a interrogé un jeune esclave de son ami Ménon.

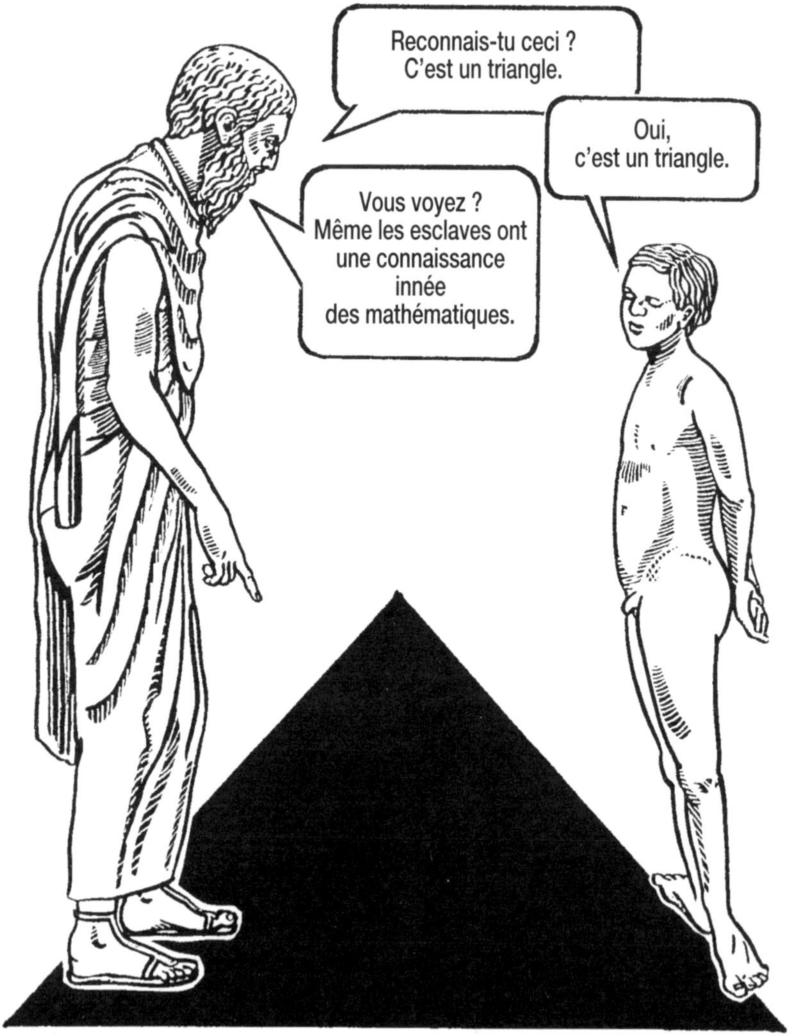

Pour expliquer cela, il disait que nos âmes sont immortelles et ont vécu avant nous, de sorte que pour apprendre, il suffit de se rappeler – il utilisait le terme *anamnesis*.

Les Formes idéales

Cette façon de voir les choses contribuait à une autre de ses convictions : il existe deux mondes distincts. En plus du monde concret que nous avons sous les yeux, il y en a un autre constitué des « Formes » parfaites et éternelles. Ces Formes sont des modèles parfaits, de sorte que les objets n'en sont que de pâles copies. Ainsi, les chaises dérivent de l'idée de « chaisitude ». Seule une élite douée et entraînée (les « Gardiens ») peut voir ces formes idéales. Tous n'étaient pas d'accord avec lui.

La parabole de la caverne

Platon se sert d'une fable pour exprimer sa doctrine. Les hommes passent leur vie enfermés dans une caverne obscure, et prennent les ombres sur la paroi pour la réalité.

De même, quelqu'un dont l'esprit a été éveillé (dans le domaine des maths, par exemple) comprendra qu'il existe un monde plus réel, et meilleur, constitué de Formes, au-delà de la réalité quotidienne. Ceux-là découvriront un jour le Bien, et deviendront les dirigeants infaillibles (des hommes d'or) d'une société d'hommes (d'argent, de bronze ou de fer) endoctrinés qui ne remettront jamais le système en cause. Dans cette République, pour savoir ce qu'il convient de faire, il suffit de le demander à un Gardien.

Dans ses ouvrages postérieurs, Platon semble douter de ces Formes et de leur rapport avec les objets du monde concret. Le système de Platon est « fermé ». Si l'on accepte ce qu'il dit de la connaissance, il faut aussi accepter ses idées morales et politiques — carrément dictatoriales.

On dirait que Platon pensait que toute connaissance pouvait être aussi permanente et désincarnée que les maths ; mais non, cela s'est révélé impossible : sans doute « à cause » des Grecs anciens, plutôt excentriques, pour qui toute connaissance passe par l'expérience.

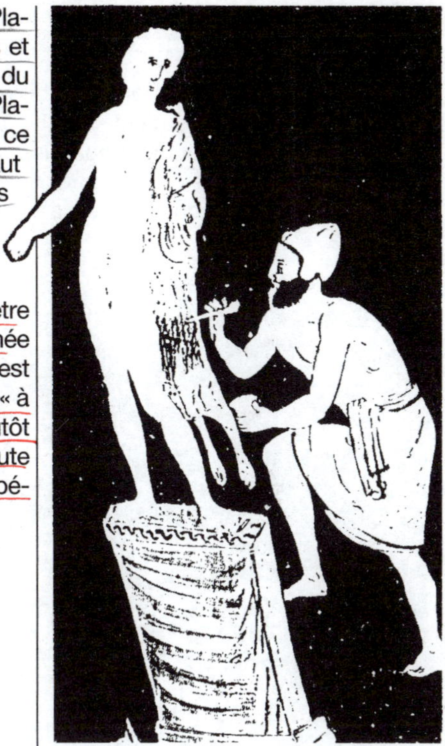

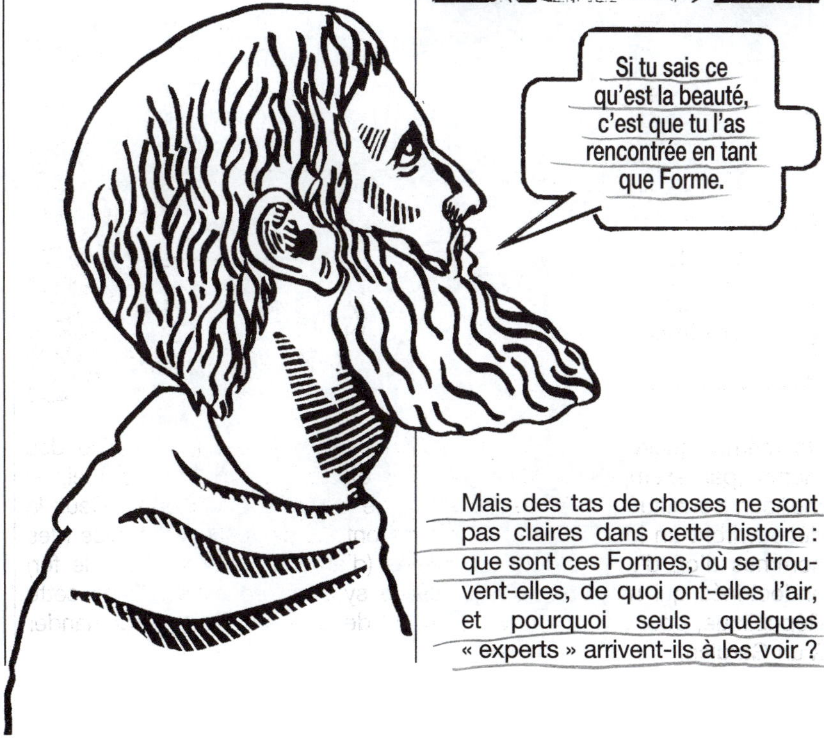

Mais des tas de choses ne sont pas claires dans cette histoire : que sont ces Formes, où se trouvent-elles, de quoi ont-elles l'air, et pourquoi seuls quelques « experts » arrivent-ils à les voir ?

Les experts

À cause des idées de Platon, les philosophes des générations suivantes ont cru que leur rôle était de mettre au jour les connaissances mystiques ou « idéales » cachées sous les apparences. Quant à sa vision de la politique, elle incite à créer une utopie dirigée par une élite autoritaire et « supérieure ». Et on sait où ça mène, les bonnes idées comme ça, pas vrai ?

Aristote

À dix-huit ans, **Aristote** (384-322 av. J.-C.) quitta la Macédoine, au nord de la Grèce, pour venir étudier dans l'Académie de Platon, à Athènes. Apparemment ça lui a bien plu, parce qu'il y est resté vingt ans. À la mort de Platon, Aristote se maria et rentra chez lui.

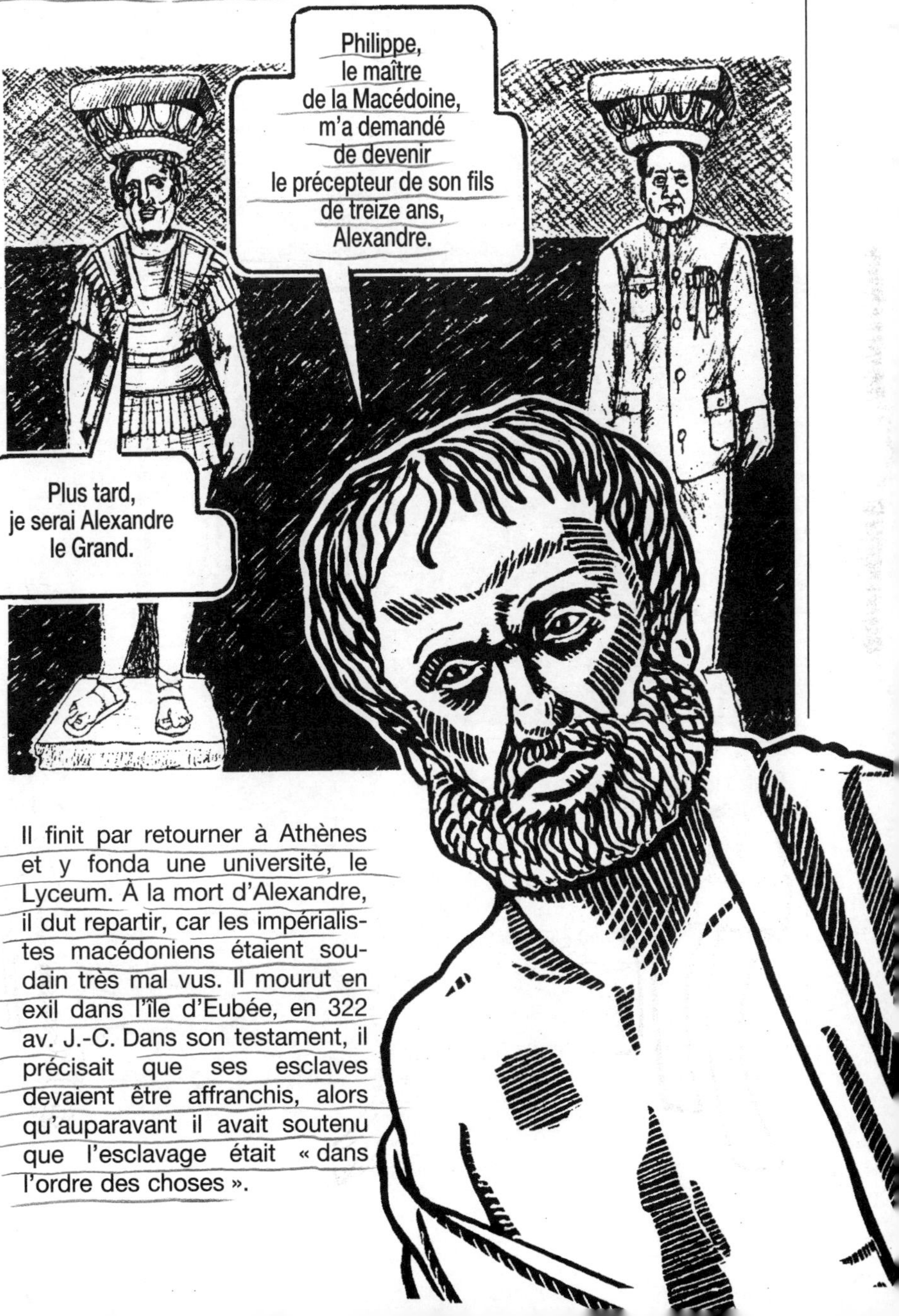

Il finit par retourner à Athènes et y fonda une université, le Lyceum. À la mort d'Alexandre, il dut repartir, car les impérialistes macédoniens étaient soudain très mal vus. Il mourut en exil dans l'île d'Eubée, en 322 av. J.-C. Dans son testament, il précisait que ses esclaves devaient être affranchis, alors qu'auparavant il avait soutenu que l'esclavage était « dans l'ordre des choses ».

Logique déductive et syllogisme

Aristote a écrit quatre cents livres sur à peu près tous les sujets – des mollusques à l'immortalité de l'âme.

Toutes les grenouilles savent nager (prémisse)

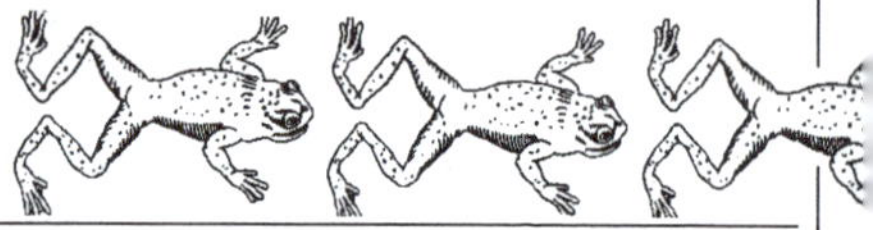

Ceci est une grenouille (prémisse)

Donc elle sait nager.

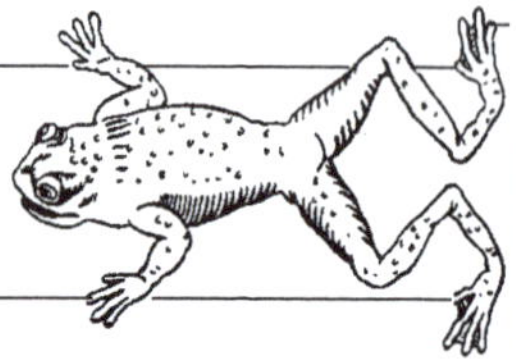

On peut construire des structures logiques similaires, appelées syllogismes, avec *Aucune grenouille* et *Certaines grenouilles*. Et si votre raisonnement obéit à certaines règles simples (n'introduire dans la conclusion que ce qui se trouve dans les prémisses, par exemple), il sera juste. Et si les prémisses sont exactes, et le raisonnement juste, la conclusion sera inattaquable.

La logique est un outil puissant, mais Aristote n'a jamais dit clairement sur quoi elle nous éclairait : le monde lui-même, l'esprit humain ou le fonctionnement du langage.

dans le peu de ce qu'on a récupéré de ses ≈ 400 livres... qques 10zaines de livres → peut-ê → à vérifier ailleurs...

L'induction et la science

Aristote n'était pas convaincu du tout par l'étrange théorie platonicienne des Formes Idéales. Lui aussi pensait que le monde était constitué de « Formes », mais celles-ci n'étaient que des « espèces ». Le travail du scientifique est de comprendre ce que sont ces espèces, et d'explorer leurs propriétés. C'est notamment pour cela qu'Aristote reconnaissait l'importance de l'induction. En observant des grenouilles qui nagent, on a de bonnes raisons de penser que toutes les grenouilles savent nager.

Donc toutes les grenouilles savent nager.

En étant capable de généraliser, de passer de l'individu à l'espèce, on entre dans les sciences. L'utilisation de la généralisation inductive permet d'affirmer quelque chose à propos d'une grenouille précise, en partant de la connaissance de l'espèce. C'est de là que la science tire sa capacité à prévoir.

Toutes les grenouilles savent nager. Ceci est une grenouille. Donc elle sait nager.

Les causes finales

Aristote pensait que seuls les objets individuels existaient, non les « Formes », et que tout avait une « cause finale », une fonction potentielle. Ainsi, le feu a en permanence le potentiel de s'élever, et les objets lourds celui de tomber. D'autres choses, comme les plantes, les animaux et les êtres humains, ont des fonctions bien plus complexes.

Cette explication se mord la queue, et n'explique pas grand-chose. On l'appelle « explication téléologique ». C'est comme si la « cause » était une force interne, un but ultime, et non un agent externe distinct. Les philosophes et les scientifiques modernes sont moins catégoriques, moins sûrs de connaître le but caché de l'univers. Grâce à la théorie darwinienne de l'évolution, ils ne sont même pas certains qu'il y en ait un.

Âmes et substances

Aristote s'est aussi penché sur la Grande Question. Il refusait l'idée que les objets concrets ne soient que de pâles copies des Formes éternelles. Pour lui, tout était constitué de « substances » uniques dotées de propriétés essentielles ou accidentelles. Les propriétés essentielles définissent les choses.

Depuis, la question de la « substance » n'a pas arrêté de tracasser les philosophes. Aristote a aussi dit que les âmes sont le principe de toute vie. Les plantes ont une âme végétale qui les fait pousser, les animaux en ont une autre, qui leur transmet les sensations, et les hommes ont les deux ; ils ont même un cadeau bonus : la raison. Mais, au contraire des âmes chez Pythagore et Platon, celles d'Aristote n'offrent aucune garantie d'immortalité.

L'éthique de la modération

Pour Platon, la morale devait être confiée à des experts infaillibles. Aristote, lui, estimait que c'était quelque chose que la plupart des adultes apprenaient au fur et à mesure, avec l'expérience. Les parents enseignent à leurs enfants à bien se comporter avec les autres, et les adultes apprennent à se montrer raisonnables et modérés dans leur vie sociale. L'être humain est un animal social, destiné à vivre en harmonie avec ses semblables, même si son potentiel moral a besoin d'exercice : par exemple, trouver le juste milieu, éviter les extrêmes.

En fait, l'éthique aristotélicienne s'intéresse davantage à l'accomplissement de soi qu'à la morale en elle-même.

Prendre ses responsabilités

Aristote pensait que Socrate avait tort de dire que « la vertu est la connaissance ».

D'accord, l'éthique d'Aristote, c'est plat et tristounet ; se trompe-t-il pour autant ? Le but de l'éthique est peut-être de produire des gens dotés de sens moral, et non d'inventer des systèmes moraux absolus, des règles pures. Mais les humains ont-ils ces vertus morales ? Qui nous dit que nous ne sommes pas faits pour être des monstres sans foi ni loi ?

Rêveurs platoniciens et réalistes aristotéliciens

Socrate, Platon et Aristote sont les trois pères fondateurs de la philosophie occidentale. Le philosophe **A.N. Whitehead** (1861-1947) a suggéré que toute la pensée philosophique européenne n'était que des notes en bas de page ajoutées aux œuvres de Platon. Et en effet, c'est bien lui qui a posé toutes ces questions aujourd'hui encore sans réponses. De plus, depuis cette époque, les philosophes appartiennent à l'une des deux tendances.

Interlude : trois mots d'histoire

Les cités-États indépendantes de la Grèce furent annexées par **Alexandre le Grand** (356-323 av. J.-C.), l'élève d'Aristote. Il étendit son empire à la Perse, à l'Égypte, et jusqu'en Inde. Ce fut le début de la **période hellénistique** (323-27 av. J.-C.), au cours de laquelle la culture grecque gagna tout le bassin méditerranéen. Les généraux d'Alexandre se partagèrent les territoires conquis — c'est de l'un d'eux que descendait la reine Cléopâtre (69-30 av. J.-C.) avant d'être détrônés par l'Empire romain.

i.e 327-23

Les épicuriens : cultiver son jardin

La philosophie hellénistique se subdivisa en différentes écoles influencées par le modèle aristotélicien de la « bonne vie », ce qui ne signifiait plus être un bon citoyen dans une petite ville, mais apprendre à survivre dans un vaste empire corrompu.

Épicure (341-270 av. J.-C.) estimait que le bonheur passait par la tranquillité et la paix de l'esprit. Comme Démocrite, il affirmait qu'il ne fallait pas craindre la mort : corps et âme redevenaient simplement atomes, et c'était inévitable.

Le bien-être personnel ne s'obtenait qu'en se tenant à l'écart de la politique, monde violent et impur. C'est pour cela que les épicuriens sont parfois appelés « philosophes du jardin ».

Les stoïciens

Pour les stoïciens, le secret d'une vie heureuse était de se fier à la raison, et non aux émotions, qui finissent toujours par vous rendre malheureux.

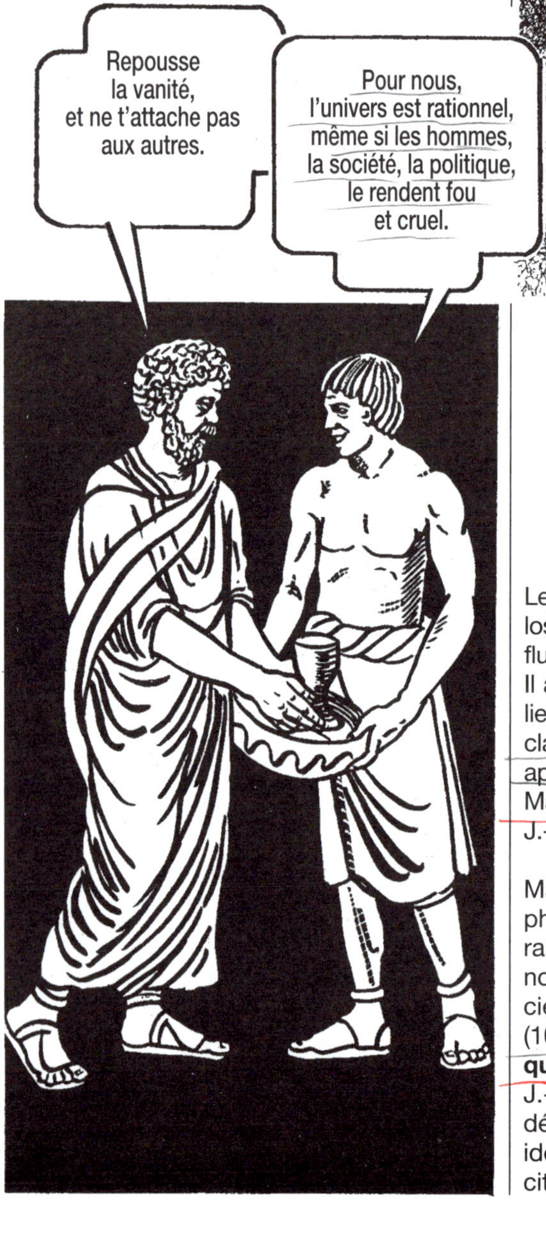

Le stoïcisme est la philosophie qui a le plus influencé le monde romain. Il a attiré des gens de milieux très différents : l'esclave **Épictète** (55-135 apr. J.-C.) et l'empereur Marc Aurèle (121-180 apr. J.-C.).

Martha Nussbaum, une philosophe contemporaine, a redécouvert de nombreuses idées stoïciennes chez **Cicéron** (106-43 av. J.-C.), **Sénèque** (4 av. J.-C.-65 apr. J.-C.) et Marc Aurèle : ils défendent les mêmes idéaux d'égalité et de citoyenneté.

Sceptiques et cyniques

Les sceptiques, eux aussi, cherchaient le bonheur, mais par des moyens déjà plus étranges. Le scepticisme fut fondé par **Pyrrhon** (v. 360-272 av. J.-C.), qui professait que la sagesse était de ne croire en *rien*. On prétend qu'il poussait très loin cette idée : il se promenait à l'extrême bord des falaises et devant des chevaux en marche ; il s'est quand même débrouillé pour mourir très vieux. Le cynique **Diogène** (412-322 av. J.-C.), anarchiste jusqu'au bout des ongles, vivait dans un tonneau et n'était jamais poli, pas même envers Alexandre le Grand.

Sextus Empiricus
(v. 200 apr. J.-C.)

Comme Héraclite, Sextus expliquait que tout savoir est relatif, donc non fiable, et que rien ne peut être prouvé. (Toute preuve doit à son tour être prouvée ; comment prouver que cette preuve est prouvée ? etc., ça peut durer longtemps.) Mais bon, évidemment, les sceptiques sont des tricheurs : ils obéissent aux dogmes du relativisme, leur doctrine principale.

Encore un peu d'histoire

On dit souvent que l'Empire romain s'est effondré au ve siècle de notre ère, mais Rome est restée une ville très importante pour le christianisme. Et l'est de l'Empire, ou Empire byzantin, dont Constantinople était la capitale, ne disparut qu'avec l'invasion turque de 1453. À partir du VIIe siècle, la civilisation arabe et l'islam, venus d'Afrique du nord, gagnèrent l'Espagne.

Le christianisme débarque

Constantin (v. 285-337) fut le premier empereur romain à se convertir au christianisme et à en faire la religion officielle de l'Empire, vers l'an 320. Cela marqua le début de la puissance de l'église catholique, qui allait imposer sa culture à toute l'Europe occidentale. L'Église détenait le monopole de la pensée philosophique et faisait tout pour décourager les idées indépendantes ou hors norme.

Certains philosophes tels que **Plotin** (204-270) tentèrent de réconcilier la doctrine de l'Église et les écrits de Platon – pas évident !

Les Pères de l'Église

Les grands philosophes de cette époque sont souvent appelés « Pères de l'Église » : ils en ont établi et commenté les doctrines fondamentales. On leur accorde le titre de philosophes parce qu'ils croyaient que si Dieu avait doté les hommes de raison, c'était pour qu'ils puissent s'occuper de théologie. La foi catholique dépassait donc la simple superstition.

Ces Pères ne cessaient de rappeler que l'autorité de l'Église était absolue. L'un d'eux, **Saint Augustin** (354-430), né en Afrique du Nord, écrivit les célèbres *Confessions* sur sa jeunesse débauchée.

→ 76 ans et en plein de la période où le xtianisme devient religion d'État --- c. 380 et ss.

… se converti à 33 ans (354+33 = 387) en la période où le xtianisme devient religion d'État avec Théodose 380 ap…

Le Mal

Pour lui, c'est nous, et non Dieu, qui sommes responsables du Mal. Le problème du Mal ne se serait jamais posé si Dieu avait créé des automates « bons » au lieu d'êtres humains. Mais, dans sa grande générosité, il nous a faits libres et autonomes.

Saint Augustin concluait que Dieu sait toujours quels choix moraux nous allons faire, et qu'il se retient d'interférer. Il était très sensible à l'argument téléologique : la preuve de l'existence de Dieu par la doctrine de la cause finale. Le monde est beau, ordonné et intelligemment conçu : tout cela indique qu'il existe un créateur divin en dehors du temps.

Les auteurs de ce petit livre aurait dû mentionner qqchose de ses grandes et belles réflexions sur LE TEMPS ... (cf. Jean d'Ormesson)

La preuve de saint Anselme

Au XIe siècle, on appelait les philosophes-théologiens des « scolastiques », et leur philosophie la « scolastique ». **Saint Anselme** (1033-1109) est célèbre pour sa démonstration ontologique de l'existence de Dieu. En voici l'idée :

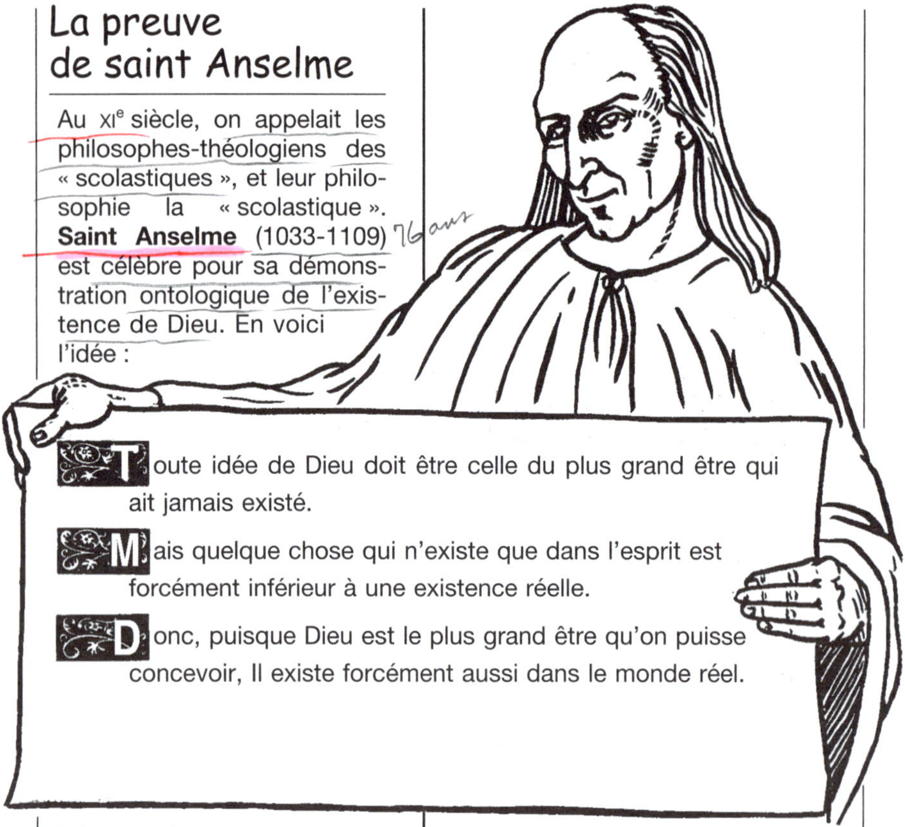

Toute idée de Dieu doit être celle du plus grand être qui ait jamais existé.

Mais quelque chose qui n'existe que dans l'esprit est forcément inférieur à une existence réelle.

Donc, puisque Dieu est le plus grand être qu'on puisse concevoir, Il existe forcément aussi dans le monde réel.

Saint Anselme pense apparemment qu'en trouvant les mots appropriés il arrivera à prouver l'existence de Dieu. La preuve ontologique, c'est un peu une formule magique.

Le nominalisme d'Abélard

Le prêtre **Pierre Abélard** (1079-1144) fut châtré parce qu'il était l'amant de son élève, Héloïse. Celle-ci entra au couvent, et ils passèrent le reste de leur vie à s'écrire des lettres d'amour. Abélard avait des idées intéressantes sur la nature du langage et sur le monde.

Les mots d'un dictionnaire, « chat » ou « chaise » sont les noms des Universaux, de catégories d'objets. Platon pensait qu'ils désignaient les « Formes » divines. Abélard, lui, soutenait que ces entités n'existent pas, à la différence des objets concrets. Ainsi, le langage est un piège qui mène les philosophes à croire – à tort – en l'existence de trucs bizarres.

Saint Thomas d'Aquin et la théologie naturelle

Saint Thomas d'Aquin (1225-1274) est l'auteur d'une autre démonstration de l'existence de Dieu, du genre de celle d'Aristote avec son « moteur premier ». L'argument cosmologique explique que, tout ayant une cause, il faut bien qu'il y ait une cause ultime de tout : Dieu, en d'autres termes. Saint Thomas d'Aquin croyait aussi en la théologie naturelle.

Bonne nouvelle pour les scientifiques de l'époque : du coup, la science n'était pas forcément hérétique. Et puis, cette doctrine sous-entendait qu'on pouvait parfois désobéir aux lois humaines, si on pensait qu'elles étaient en contradiction avec les lois divines.

Le rasoir d'Ockham

Plus tard, des théologiens comme **William d'Ockham** (1285-1349) continuèrent à s'intéresser à la scolastique, à des questions tordues sur la logique, le langage et son sens. Ockham était un nominaliste pour qui la philosophie n'était souvent que du vent autour d'entités imaginaires. Pour lui, les plus grandes vérités étaient aussi les plus simples : il était donc idiot de chercher la complication. Ce principe, appelé « rasoir d'Ockham », a beaucoup influencé les sciences. Pas la philosophie, malheureusement…

L'humanisme de la Renaissance

La Renaissance, complexe événement historique et culturel, apparut dans le nord de l'Italie au XIVe siècle puis se répandit dans le reste de l'Europe occidentale au cours des deux siècles suivants.

La société féodale se mourait. Les villes prenaient de l'importance ; l'ascension d'une nouvelle classe de marchands encourageait l'innovation dans les maths, les sciences, les technologies, en partie parce que ça pouvait faire gagner de l'argent. L'autre grand changement, la Réforme, permit une plus grande virulence aux philosophes des pays protestants, surtout en ce qui concernait les sciences, la politique et la morale. + 15e, 16e s.

pr Renaissance × Réforme voir Comby, p. 197 et ss.

Érasme, le sceptique

70 ans

Érasme (1466-1536) contribua involontairement à lancer la Réforme protestante avec son livre *Éloge de la folie*. Il critiquait violemment une Église catholique corrompue. Il ne prenait personne au sérieux – surtout pas les philosophes, évidemment.

Comme les sceptiques avant lui, il pensait que la sagesse était une chimère inaccessible.

Théorie politique

Aristote avait dominé la science, la philosophie, la théologie pendant tout le Moyen Âge. À la Renaissance, on comprit qu'il avait écrit d'énormes boulettes. Non, le Soleil ne tourne pas autour de la Terre… Il affirmait aussi que toute activité politique avait pour but de produire des citoyens hautement moraux. À la Renaissance, deux théoriciens de la politique pensaient qu'il se trompait également sur ce point.

Machiavel (1469-1527) observa les dirigeants italiens, impitoyables et dénués de principes, et en conclut que la politique ne pouvait être qu'un jeu dangereux de trahison et de parjure. Dans son ouvrage *le Prince*, il soutint que la politique et la morale ne vont pas du tout ensemble. Oh !…

Machiavel est un théoricien de la politique plus qu'un philosophe, mais son observation minutieuse de la politique fonda les principes de la société civile moderne.

Le *Léviathan* de l'Anglais **Thomas Hobbes** (1588-1679) est une vision très noire de la nature humaine. La rigueur de la géométrie le fascinait, et il pensait que le raisonnement logique pouvait mener à une philosophie de la politique. Sa perception de la nature humaine, parfois appelée « égoïsme psychologique », est profondément cynique.

Laissés à eux-mêmes dans l'« état de nature », ils s'entre-tuent. La vie devient « solitaire, misérable, pénible, brutale et courte ».

La théorie du contrat social

ou du DOUBLE CONTRAT
→ entre les individus...
→ avec le gouvernement

Personne ne tient à être égorgé dans son sommeil. Hobbes pensait donc qu'on était obligé de passer un « contrat social » avec ses semblables. Mais un contrat entre des individualistes sans scrupules doit forcément être renforcé par un second contrat avec le gouvernement, qui permet à celui-ci de punir ceux qui rompent le premier.

La morale et l'obéissance aux lois, c'est la même chose. Ce n'est pas très flatteur pour l'humanité, mais nous devons au moins à Hobbes un intérêt nouveau pour la nature humaine et l'idée que les gouvernements ne tirent leur autorité que d'un *contrat*.

Bacon et la philosophie des sciences

Francis Bacon (1561-1626) était un homme politique anglais, mais aussi un philosophe qui s'intéressait aux sciences nouvelles. Il a été le premier à dire que « la connaissance est le pouvoir ». Lui n'a fait aucune découverte, mais il travaillait sur les méthodes empiriques d'observation, d'expérimentation et d'induction employées par des gens comme Galilée (1564-1642). Bacon était très sceptique vis à vis d'Aristote et de sa théorie des causes finales.

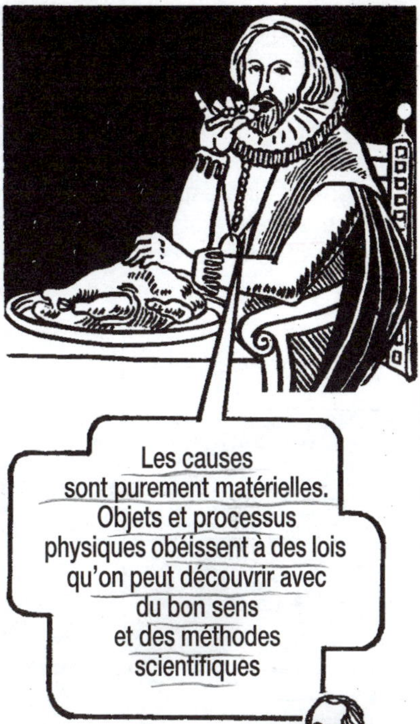

Ses expériences scientifiques, menées en amateur, lui coûtèrent la vie : il mourut d'une bronchite attrapée en allant gaver de neige un poulet. Il voulait savoir si cela le conserverait.

Les origines de la philosophie moderne

On estime que le père de la philosophie moderne est **René Descartes** (1596-1650), un mathématicien français qui tenait à son autonomie et refusait les réponses philosophiques orthodoxes. Il s'intéressait au fonctionnement de l'esprit face au monde extérieur et mit en évidence la différence entre *savoir* et *penser*. Sa méthode, celle du doute scientifique, est introspective et autobiographique, mais aussi objective et logique.

Descartes était très impressionné par ce que les maths apportaient aux sciences telles que l'astronomie. Il a écrit la plupart de ses livres bien au calme, dans une Hollande protestante très tolérante.

Le doute scientifique

Son *Discours de la méthode* (1637) cherche à établir un savoir scientifique nouveau grâce à des règles simples. Dans les *Méditations* (1641), il s'interroge : existe-t-il des connaissances vraiment certaines ? En se montrant systématiquement sceptique, il réussit à détruire l'ensemble de ses convictions.

Même ses pensées abstraites peuvent être illusoires ou fausses. C'est peut-être un démon invisible qui lui fait croire que ses calculs sont justes, alors qu'ils ne tiennent pas debout.

Cogito ergo sum

Quand on commence avec le doute cartésien, on n'en a jamais fini ! Descartes explique qu'aucune connaissance n'est jamais certaine. Il n'était même pas sûr que son propre corps était réel, mais il était sûr que la pensée, elle, existait. Douter est une façon de penser, donc douter qu'on pense, c'est un peu difficile ! C'est ainsi qu'il a découvert le fameux « Cogito ».

C'est par ce biais-là que Descartes, a mis en évidence notre dualité : des âmes ou esprits spirituels dans des corps matériels. Ces corps sont des machines qui finissent par mourir, mais nos esprit sont immortels. Par contre, on ne comprend pas bien ce qui relie les deux.

en 1630-40-50...
aujourd'hui, sans savoir "tout"...
on comprend un peu plus... non?

Idées claires et nettes

Descartes pensait que Dieu garantissait une pensée abstraite rationnelle, aussi incontestable que le *Cogito ergo sum*. En d'autres termes, notre vision mathématique du monde est correcte, mais nos sens sont subjectifs, imparfaits.

Au fond, le scepticisme cartésien est un jeu philosophique qu'il utilise pour déterminer quelles connaissances sont indubitables.

Mais cette méthode rencontre plusieurs problèmes : d'abord, il est étrange de se dire que nos sens nous « mentent ». Si nous savons qu'un bâton plongé dans l'eau est bien droit, c'est parce que nos yeux nous le disent ensuite. Et puis, drôle d'idée de compter sur Dieu pour garantir des certitudes mathématiques !

L'héritage de Descartes

La pensée solitaire de Descartes semble personnelle et intransmissible, mais elle est quand même faite de mots, de règles grammaticales, et d'une culture historique. Et peut-être qu'un homme en quête de certitudes objectives non-humaines est mal parti. Mais tout de même, après Descartes, les philosophes ont eu tout un tas de nouvelles questions à se mettre sous la dent.

La philosophie cartésienne donna ses lettres de noblesse au dogme selon lequel la véritable connaissance ne peut venir que de la raison, avec sa conséquence : le savoir empirique est inférieur. Vraiment stimulante, comme thèse, puisque le débat s'est poursuivi pendant plus de cent ans.

Spinoza

Hollandais d'origine juive, **Baruch Spinoza** (1632-1677), comme Descartes, mena une vie solitaire. Sa liberté d'esprit lui valut d'être exclu de sa communauté. Pour gagner sa vie, il devint polisseur de verre, ce qui endommagea ses poumons : il en mourut.

Il s'intéressait à la question de la « substance » : si, comme l'affirme Descartes, il existe deux types de substances totalement indépendantes — le mental et le physique —, en quoi l'une peut-elle influer sur l'autre ?

Dans l'*Éthique* (1677), Spinoza répondit à ces questions en réfutant le dualisme cartésien.

Le monisme

Spinoza emprunta les méthodes déductives utilisées en géométrie pour démontrer qu'il n'y a qu'une substance unique, Dieu, englobant tout le reste (qui existe sous forme de *modes*). En d'autres termes, un système de lois scientifiques régit la Nature entière. Nous ne connaissons que deux des attributs infinis de Dieu – la pensée (l'esprit) et l'extension (le corps) – mais ces deux modes d'être sont la même chose, exprimée différemment. Tout objet (mode d'extension) correspond à un mode de pensée, comme le corps humain a un esprit. Alors, les pierres pensent ?

Spinoza n'oublie jamais que dans *théologie*, il y a *logie*, donc *logique*. Pour lui, une liberté scientifique totale concorde avec ce que dit la Bible. Son « monisme » a souvent été assimilé au panthéisme (Dieu est dans tout) qui a beaucoup influencé les romantiques anglais et allemands.

Leibniz et la monadologie

Gottfried Wilhelm Leibniz (1646-1716), excellent mathématicien, philosophe et homme politique, rival d'Isaac Newton (1642-1727), fonda le calcul intégral et différentiel dans sa quête d'un « algèbre du raisonnement ». Réfutant à la fois Descartes et Spinoza, il proposa son propre système métaphysique, la monadologie (1714).

La grande idée de Leibniz est que l'esprit de Dieu contient une infinité de mondes possibles, mais que seul le meilleur d'entre eux est réalisé. Le « meilleur » est celui qui allie un minimum de causes (lois ou moyens) à un minimum d'effets (états ou fins).

Un « monade » ?
C'est quoi, ça, encore ?

Un monade, c'est une **substance individuelle**…

1. qui contient l'ensemble des concepts en rapport, mais aucun autre,
2. qui a pour seules parties les « accidents » des qualités, des tendances mentales,
3. dénuée de rapports avec les autres monades, mais non avec les états de ceux-ci,
4. qui contient un microcosme reflétant le macrocosme.
5. Ce monde possible existe parce que Dieu l'a créé en réponse à une nécessité morale, et non physique.

Leibniz était l'« Aristote du monde moderne » parce qu'on lui doit la dernière grande tentative d'unification de la scolastique avec le nouveau rationalisme scientifique. Il remettait en cause la théorie de Newton voulant que l'espace et le temps soient absolus et infinis.

Voltaire et les Lumières

Le modèle métaphysique grâce auquel Leibniz décrit la structure fondamentale de l'univers est complexe. D'accord, mais est-il juste au moins ? Comment s'en assurer, d'ailleurs ? Bonne question… Voilà donc une faille du rationalisme qu'il professait avec Spinoza. L'optimisme béat de son « meilleur des mondes possibles » a été tourné en dérision par Voltaire dans *Candide* (1759). **Voltaire** (1694-1778), c'était un des grands hommes des Lumières, époque de radicalisme social, de la défaite des dogmes, de la superstition, de la tyrannie face à la raison.

Avec l'encyclopédiste **Denis Diderot** (1713-1784) et d'autres philosophes français, Voltaire popularisa les pionniers anglais de l'empirisme : Bacon, Newton et Locke.

Locke et l'empirisme britannique

John Locke (1632-1704) reprit certaines idées de Descartes sur l'esprit et la perception, et contribua à fonder l'empirisme, qui affirme que les connaissances humaines fondamentales doivent venir des sens. Locke pensait également que la doctrine des idées innées (Platon, Descartes) était ridicule, et que la métaphysique, la plupart du temps, c'était du vent.

Ce n'est qu'à ce moment-là que l'esprit peut former de nouvelles idées et se passer des sens pour réfléchir.

Locke suivait Descartes quand celui-ci disait que notre expérience du monde est toujours indirecte. Notre esprit ne connaît que des représentations, des images mentales : nous ne pouvons donc avoir une connaissance directe des substances qui constituent le monde. Locke pensait aussi que notre expérience de tout objet, une orange par exemple, est mixte.

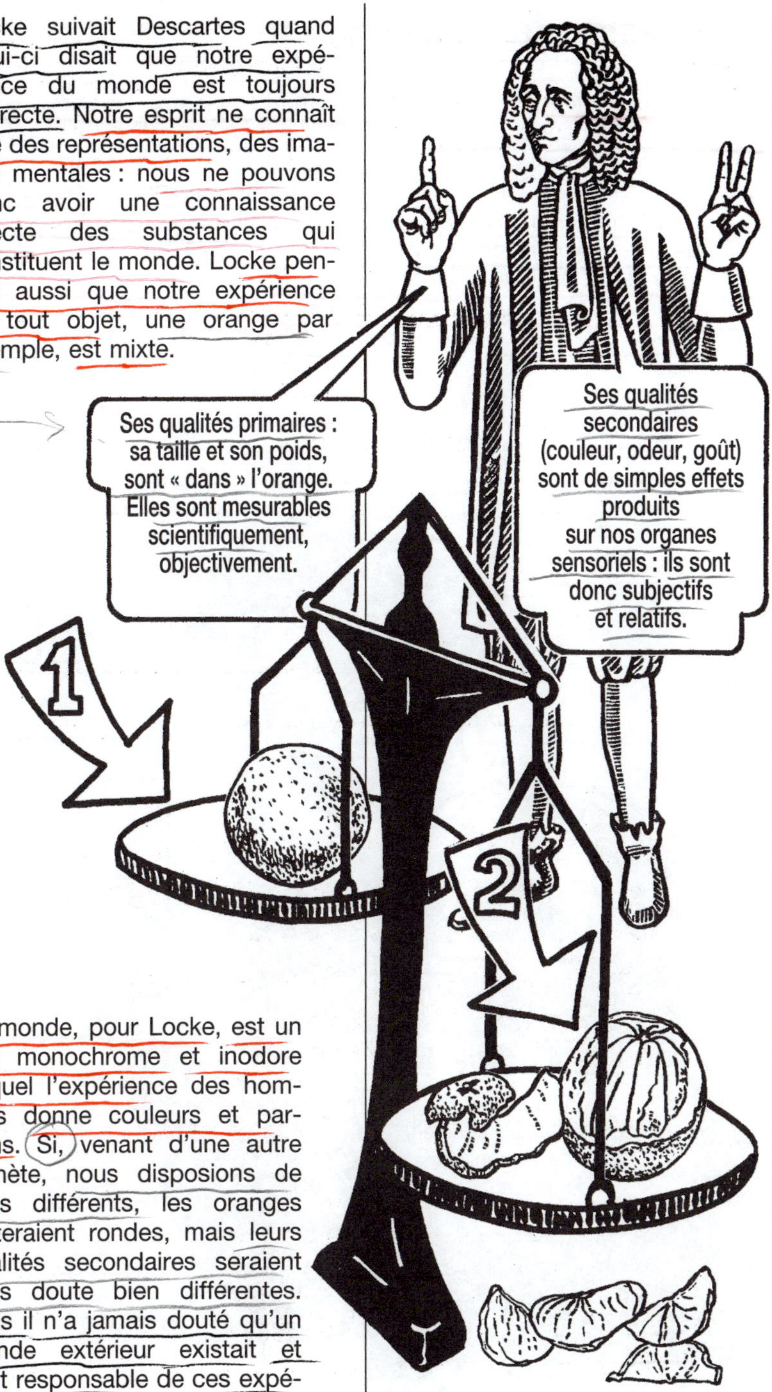

Le monde, pour Locke, est un lieu monochrome et inodore auquel l'expérience des hommes donne couleurs et parfums. Si, venant d'une autre planète, nous disposions de sens différents, les oranges resteraient rondes, mais leurs qualités secondaires seraient sans doute bien différentes. Mais il n'a jamais douté qu'un monde extérieur existait et était responsable de ces expériences mentales.

L'idéalisme de Berkeley

L'évêque **Berkeley** (1685-1753) transforma l'empirisme de Locke en un idéalisme nettement plus philosophique. Il mit en lumière le côté illogique des qualités primaires et secondaires de Locke en démontrant qu'elles étaient inséparables. On ne peut percevoir la forme (primaire) d'un objet indépendamment de sa couleur (secondaire). Pourquoi dès lors se dire que certaines expériences sont réelles, et d'autres simplement mentales ? Pour Berkeley, elles étaient toujours mentales – causées par Dieu – et l'existence tout entière était une gigantesque illusion : *esse est percipi*, « être, c'est être perçu ». Mais heureusement, Dieu rend ces illusions cohérentes.

Mais ceci implique que quand les choses ne sont plus perçues, elles cessent d'exister. Ça, c'est dur à avaler, mais les philosophes aiment bien, parce que c'est très dur de prouver le contraire. Comment sortir de nos sens pour contredire Berkeley ?

L'« idéalisme » (seules les idées existent) flanche néanmoins devant le rasoir d'Ockham – se dire que le monde extérieur, et non une divinité super occupée, est la cause de nos expériences, c'est quand même plus simple.

→ Revoir p. 47

Hume et le scepticisme empirique

David Hume (1711-1776), grande figure des Lumières écossaises proche des philosophes français, athée, était très virulent contre les arguments théologiques traditionnels qui prétendaient prouver l'existence de Dieu. Empiriste convaincu, il n'était pas non plus enthousiasmé par les rationalistes et leurs grandes phrases sur le pouvoir et l'importance de l'esprit humain. Comme Berkeley, c'est un peu le philosophe des philosophes, parce que ses idées sont très techniques mais importantes pour la philosophie moderne.

Hume trouvait que l'induction était une source de connaissances plutôt faiblarde, et s'opposait en cela aux empiristes comme Bacon pour qui celle-ci était un fondement sûr de toute science.

Hume fait simplement remarquer qu'une découverte scientifique basée sur l'observation et l'induction doit être hypothétique et temporaire. L'induction n'est pas infaillible.

Les causes

Hume fut le premier philosophe à dire clairement ce qu'est une cause. Les philosophes du Moyen Âge comme Saint Thomas d'Aquin croyaient dur comme fer en la causalité : ça prouvait que Dieu existait. Hume analysa le concept de cause et découvrit que ce n'était qu'une croyance humaine tirée des expériences passées. Penser que tout a une cause, c'est agréable.

Toutes reposent sur des inductions : notre observation des machines, des plantes, des planètes, mais aucune sur une certitude logique.

Hume disait aussi qu'on ne peut pas prouver des opinions morales. Le concept de « Mal » est invisible. « Socrate est mortel » est quelque chose qu'on peut prouver si on sait que tous les hommes sont mortels et que Socrate est un homme.

Le scepticisme moral

La conception que Hume a de la philosophie morale est parfois appelée subjectivisme. Ça consiste à penser que des propositions morales comme « Hitler était mauvais » ne dépendent que des sentiments subjectifs d'un individu (« Je n'aime pas Hitler »). Pour Hume, aucune opinion ne pouvait être prouvée, et la « raison » était très surestimée. Philosophe radical, il était pourtant conservateur et affirmait que les hommes ne pouvaient être heureux que s'ils suivaient leur sympathie naturelle pour leurs semblables et respectaient les conventions sociales.

Il doutait aussi, ce qui est plus dérangeant, de l'existence du moi, qu'il jugeait insaisissable : « Quand je cherche à savoir qui je suis… je trébuche toujours sur une perception quelconque… mais je n'arrive jamais à m'attraper sans perception. »

Rousseau : l'état d'innocence primitive

Voltaire admirait les écrits de Locke sur les « droits naturels » dans lesquels il soutient que les individus ont certains droits inaliénables : propriété, liberté de culte et d'expression, et même le droit de se rebeller contre les lois ou les gouvernements injustes. Mais c'est le préromantique suisse **Jean-Jacques Rousseau** (1712-1778) qui devint le penseur politique le plus influent de la fin du XVIIIe. Il rejetait l'idée de Hobbes d'une nature humaine foncièrement mauvaise.

Les besoins artificiels entraînèrent une avidité artificielle. C'est pour cela que, selon Rousseau, les individus « présociaux » comme les enfants et les sauvages sont moralement supérieurs. Ce mythe du « retour à la nature » influença le mouvement romantique.

La volonté générale

Rousseau pensait que les lois sociales devaient être l'expression de la « volonté générale » qui ne pouvait se tromper. On ne sait pas très bien comment celle-ci était censée s'exprimer ni être imposée. Dommage : les révolutions engendrent toujours des opportunistes sans scrupules prêts à se poser en incarnation de cette entité abstraite et à l'imposer par la violence.

très très intéressante cette brève réflexion !! Et belle formulation ! 19.4.09

Kant : une réponse à Hume

Emmanuel Kant (1724-1804) était un vieux garçon si maniaque que les habitants de Königsberg pouvaient régler leurs montres d'après ses promenades quotidiennes. Lampe, son fidèle domestique, le suivait muni d'un parapluie, « au cas où ». Kant disait que c'était la lecture des écrits de Hume qui l'avait tiré de son « sommeil dogmatique » rationaliste. Il n'était en revanche pas d'accord avec l'idée selon laquelle ce sont nos expériences passées qui nous poussent à croire en une causalité.

Kant suggérait que l'homme « voit » la causalité parce qu'il est constitué ainsi. Il fut le premier philosophe à montrer que ni les rationalistes ni les empiristes n'avaient tout à fait raison.

Les structures mentales précèdent l'expérience

Dans sa *Critique de la raison pure* (1781), Kant montre que tenter d'utiliser la raison pour établir des vérités métaphysiques n'aboutit qu'à des contradictions. Ensuite, il démontre comment nous découvrons le monde. L'esprit humain est actif, loin du réceptacle à informations imaginé. En regardant le monde, nous le constituons afin de lui donner sens. Certains des concepts que nous appliquons à nos expériences présentes viennent certes de nos expériences passées, mais les plus importants *précèdent* l'expérience. Ce sont des « *a priori* ».

Hume affirmait que nous édifions notre appareil conceptuel à mesure de nos expériences. Kant réplique que sans un appareil mental préexistant, aucune expérience ne serait possible. Il est une sorte d'idéaliste sophistiqué. « Des pensées sans contenu sont vides, des intuitions sans concepts sont aveugles. »

→ oui, peut-ê, mais encore... 33 faudra donc que je me tape sa "Critique de la raison pure"

Monde phénoménal, monde nouménal

Pour aller plus loin, on peut aussi dire que toutes nos expériences surviennent dans les « formes d'intuition » que sont le temps et l'espace. Ainsi, d'une certaine façon, notre expérience du monde est notre propre création. Il y a néanmoins des limites strictes à ce que nous ressentons et à la manière dont nous le ressentons. Nous ne choisissons pas les informations que nous transmettent nos sens, et nous ne pouvons rien à la façon dont notre esprit fonctionne.

Kant conclut que la science s'occupe du monde phénoménal (les choses telles qu'elles nous apparaissent) et la religion du monde nouménal (les choses telles qu'elles sont réellement) : science et religion n'ont donc aucune raison de s'opposer. Mais si la seule chose que nous ne connaîtrons jamais est le monde phénoménal, comment être certain de l'existence d'un monde nouménal ?

Les impératifs catégoriques

Pour Kant, au contraire des objets matériels, nous pouvons échapper au monde phénoménal de la causalité. Le libre arbitre est nécessaire pour choisir de devenir un être moral. « Vouloir, c'est pouvoir. »

Pour être vertueux, il faut obéir à ses devoirs et ignorer ses inclinations. Être une personne morale, c'est ne pas faire ce qui nous vient naturellement, et ça implique de combattre nos mauvais penchants. La raison nous permet de voir où se trouve notre devoir : il s'agit de suivre un ensemble de règles, les « **impératifs catégoriques** ». Kant suggère qu'« il ne faudrait suivre qu'un principe qui pourrait être une loi universelle ».

Le mensonge est donc irrationnel : il ne faut pas mentir. Kant croyait en Dieu et pensait que la religion permettait aux gens de comprendre un monde apparemment immoral. Mais peut-être que la morale, c'est davantage que suivre des règles prédéfinies indépendantes des circonstances. On connaît tous des cas où mentir est moralement conseillé.

La dialectique de Hegel

George Wilhelm Friedrich Hegel (1770-1831) pensait, très sûr de lui, que sa philosophie systématique allait révéler les vérités premières sur *toute* la réalité et *toute* l'histoire humaine. Sa philosophie est horriblement détaillée, et le jargon qu'il utilise ne nous aide pas à la comprendre.

Avant Hegel, les philosophes pensaient qu'Aristote avait découvert la nature de la logique.

Mais il y a une autre logique. L'évolution historique des connaissances repose sur des concepts, et non sur des propositions factuelles isolées.

Les idées se développent et se rapprochent de la réalité suivant un concept qu'il appelle la « **dialectique** ».

La logique dialectique

L'Histoire, c'est l'affrontement de concepts dynamiques différents qui tous prétendent donner une image exacte de la réalité. Mais tout concept, ou thèse, engendre automatiquement un concept opposé, ou antithèse. La rencontre des deux débouche sur un troisième, plus juste, la synthèse.

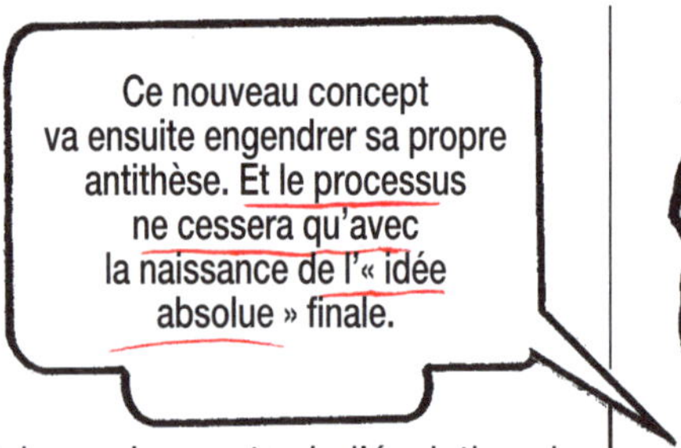

Cela rend compte de l'évolution de la pensée et de la civilisation humaine, sur les plans de l'évolution et de la religion. Ceux-ci passent par bien des étapes avant l'apparition de la « conscience absolue » et de l'harmonie sociale. Étudier l'histoire, pensait Hegel, permettait de comprendre l'esprit de Dieu. Ou quelque chose comme ça.

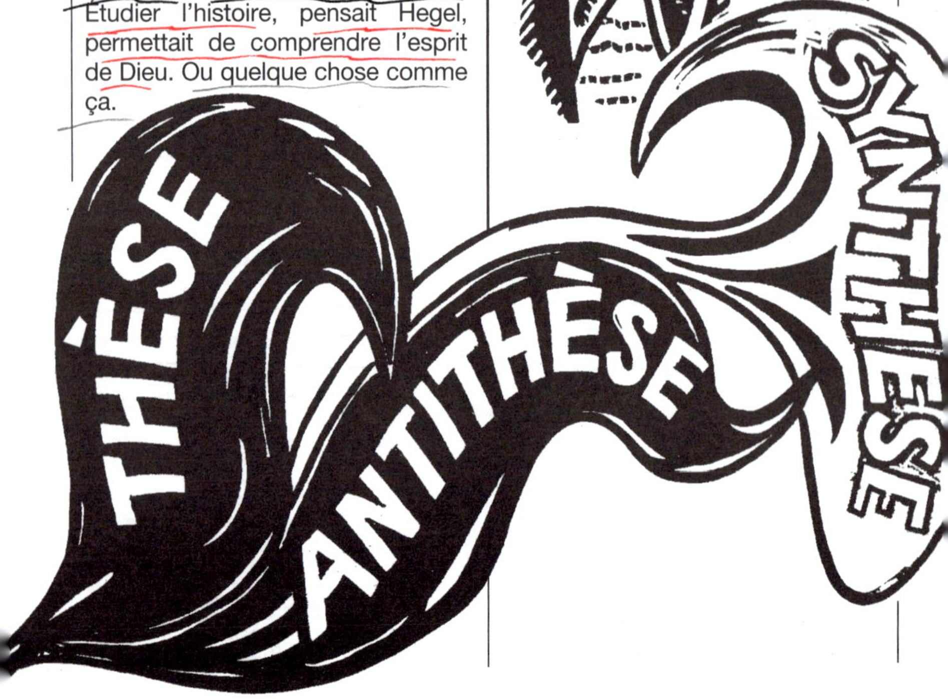

Conscience humaine et savoir

La métaphysique hégélienne concerne la nature profonde de la pensée. Pour Hegel, la philosophie s'était trop intéressée à des questions techniques sur la connaissance et devait étudier de plus près les processus historiques de la pensée et de la culture. Comme Kant, c'était un « idéaliste », et comme lui il pensait que nous ne découvrons jamais le monde par nos sens mais par l'intermédiaire de notre conscience. Mais lui est allé plus loin.

La conscience humaine est en perpétuelle évolution. Elle développe de nouvelles catégories, de nouveaux concepts, qui déterminent notre expérience du monde : la connaissance dépend toujours des circonstances et naît d'un ensemble de positions antagonistes.

Connaissance relative, connaissance absolue

En philosophie, l'opposition objectif/subjectif est trompeuse. Les philosophes n'aboutiront jamais à une « vérité philosophique complète » parce que les idées, c'est comme ça, ça change tout le temps. La connaissance est un processus dynamique inscrit dans la culture et dans l'Histoire, et non une entité intemporelle qui attend quelque part qu'on la découvre. En cela, Hegel est un prophète du postmodernisme : il insiste sur le fait que, dans une dialectique changeante, il ne peut y avoir de faits objectifs stables. Il croyait par contre que ce processus allait aboutir à un stade ultime lors duquel les hommes obtiendraient « la connaissance réelle de ce qui est ».

Hegel a aussi révolutionné la conception de la conscience individuelle et de la liberté personnelle.

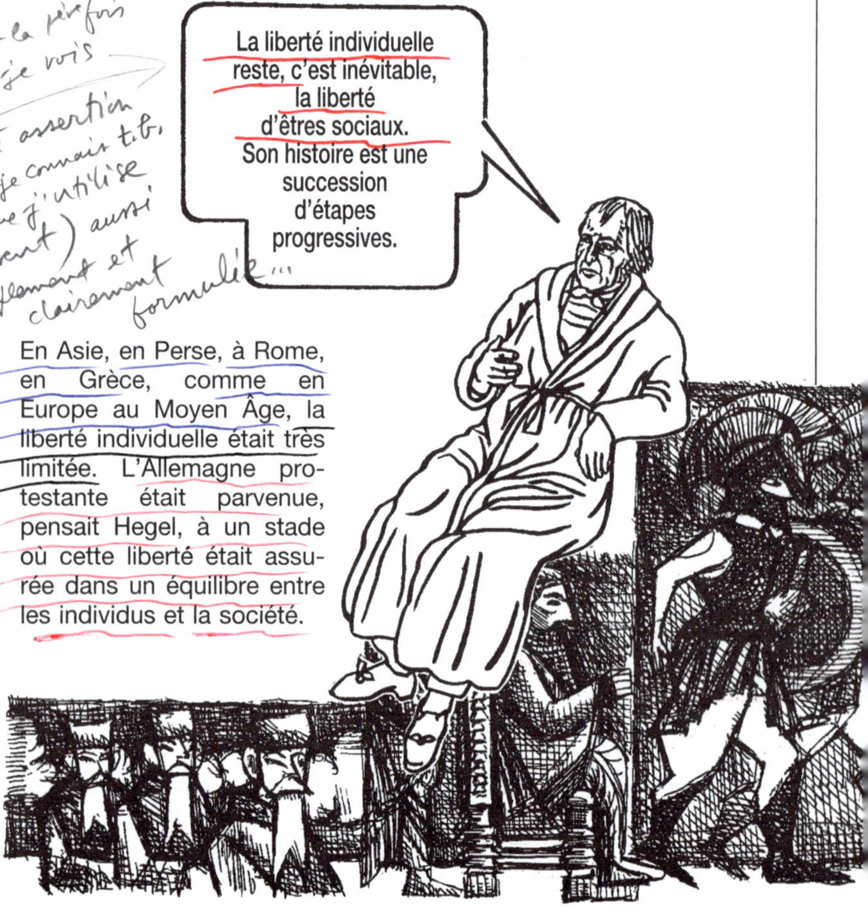

En Asie, en Perse, à Rome, en Grèce, comme en Europe au Moyen Âge, la liberté individuelle était très limitée. L'Allemagne protestante était parvenue, pensait Hegel, à un stade où cette liberté était assurée dans un équilibre entre les individus et la société.

L'État et la fin de l'Histoire

Pour Hegel, la Prusse autocratique était une sorte de « superpersonne » qui avait atteint la dernière étape de l'évolution. Ses concitoyens n'étaient que des éléments d'une grande entité organique d'où ils tiraient identité et statut moral.

Hegel pensait sincèrement qu'il avait achevé le travail de Kant en décrivant une « connaissance absolue » immuable à partir de laquelle on pouvait prévoir la « fin de l'Histoire ». Ce processus dialectique déterministe prendrait fin lorsque l'« Esprit » qui préside à la réalité et à la raison humaine serait enfin dévoilé. Y arriver, ce serait dur, à cause des conflits entre des forces historiques puissantes et souvent impitoyables. On ne peut pas nier qu'en Europe, depuis 1807 – date de publication de la *Phénoménologie de l'esprit* – ça n'a pas été évident. Aujourd'hui, difficile de penser que l'histoire des hommes a une destinée prévisible, un but ultime – que ce soit celui que Hegel décrivait ou un autre, d'ailleurs !

Schopenhauer et le concept de volonté

72 ans

Arthur Schopenhauer (1788-1860) était un philosophe allemand hostile aux méthodes de Hegel autant qu'à sa doctrine. Pour lui, l'idée d'un *happy end* à l'histoire des hommes était le délire d'un « charlatan stupide et lourdaud ». Profondément idéaliste, il pensait avec Kant qu'on ne pouvait vivre que dans le monde phénoménal. Mais pour Schopenhauer, ce monde est illusoire et soumis à la volonté, qui contrôle tous les êtres vivants, humains compris.

→ qu'en sait-il ?
qu'en savons nous
nous-mêmes, aujourd'hui ??...

Les hommes aiment croire que leur petite vie a quelque chose de supérieur, mais elle ne leur sert qu'à satisfaire de nouveaux désirs. Ça engendre des conflits, forcément, et la souffrance apparaît.

L'une des solutions, c'est l'art ou sa contemplation. Une autre, l'ascèse. Schopenhauer fut le premier grand philosophe occidental à être influencé par le bouddhisme. Ses idées, un peu oubliées aujourd'hui, ont marqué des hommes comme le compositeur **Richard Wagner** 70 ans (1813-1883) et le philosophe allemand **Nietzsche**. (1844-1900) 56 ans

→ + facile à énoncer qu'à appliquer… sympathique qd m̂ son petit côté oriental… (bouddhisme) qu'en pense (ou penserait) un Matthieu Ricard ?? peut-ê voir ds ses dialogues avec son père J.Fr. REVEL (le livre)

Nietzsche : l'antéchrist

Frédéric Nietzsche (1844-1900), issu comme beaucoup de philosophes allemands d'une famille luthérienne, rejeta le christianisme et les croyances en un monde transcendantal ou nouménal.

Sa formation en philologie classique le conduisit à considérer la Grèce antique comme supérieure à l'Europe chrétienne adepte de la souffrance passive, de la culpabilité, de la damnation éternelle. Ses Grecs, énergiques et créatifs, acceptaient leur destin et appréciaient le fait que la souffrance pouvait être à l'origine de vies brèves mais nobles.

Par-delà le Bien et le Mal

Comme la plupart des philosophes avant lui, Nietzsche tenta de définir la nature humaine. Pour lui, il ne fallait pas généraliser : c'était réduire chaque individu à une nature commune. Il annonçait que le capitalisme moderne et les progrès techniques donneraient naissance à un monde bourgeois de « derniers hommes » médiocres.

La culture judéo-chrétienne favorisait le banal ; l'*Übermensch* devrait rejeter « la morale du troupeau » et voir au-delà des notions traditionnelles de Bien et de Mal, en quête de quelque chose de plus radical, de plus créatif, la « volonté de pouvoir ». Certes, l'idée d'*Übermensch* ignore totalement les notions de classes sociales ou de races, mais Nietzsche était tout de même sexiste. Sa philosophie fut ensuite détournée par les Nazis pour appuyer leur antisémitisme.

L'annonce du post-modernisme

Le scepticisme de Nietzsche réfute l'idée qu'il existe des lois morales universelles basées sur la raison – ce ne sont que des préjugés, adaptés à une époque et aux besoins des hommes. Tout savoir conceptuel naît de généralisations dues aux idéologies du moment : là-dedans, où sont l'individualité et la personnalité de chacun ? Les « vérités éternelles » ne sont souvent que des idées temporaires bien utiles, qui évoluent avec l'Histoire.

Nietzsche est le précurseur du postmodernisme. Il annonce Wittgenstein et Derrida en « déconstruisant » les croyances comme le langage. (« Nous ne nous débarrasserons pas de Dieu tant que nous croirons à la grammaire. ») Foucault doit beaucoup aux idées de Nietzsche sur la généalogie et la volonté de pouvoir.

La récurrence éternelle

Nietzsche, inspiré en cela par Héraclite, le penseur présocratique, proposait également une « science joyeuse » de la récurrence éternelle : le temps est cyclique et se répète à l'infini. C'est une critique insidieuse des impératifs moraux de Kant comme de l'idée (déprimante) de Schopenhauer voulant que le désir soit responsable de la souffrance. La récurrence éternelle est le critère selon lequel juger la valeur de sa vie.

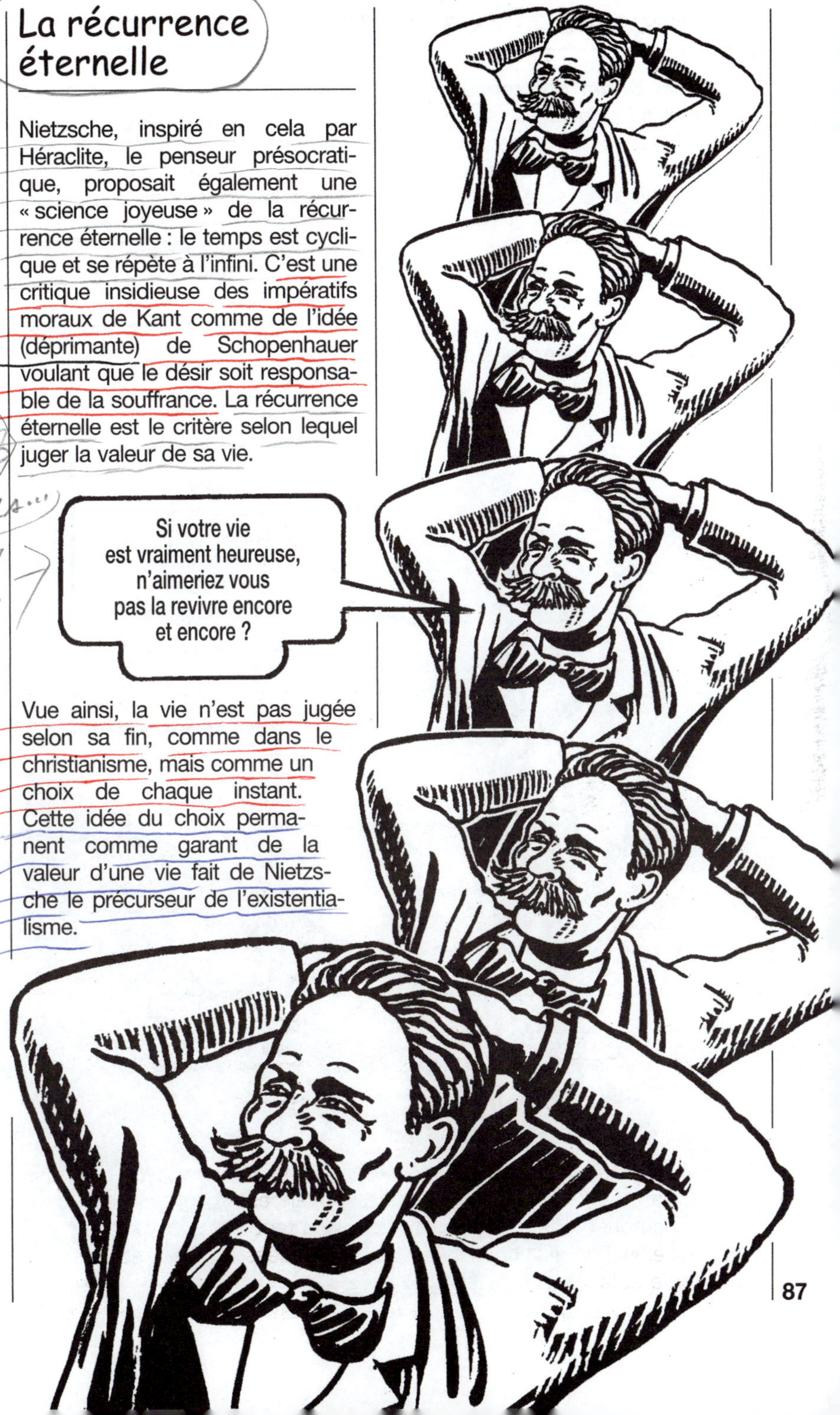

Vue ainsi, la vie n'est pas jugée selon sa fin, comme dans le christianisme, mais comme un choix de chaque instant. Cette idée du choix permanent comme garant de la valeur d'une vie fait de Nietzsche le précurseur de l'existentialisme.

Kierkegaard : l'existentialisme chrétien

Le Danois **Søren Kierkegaard** (1813-1855) s'opposait à Kant pour qui morale et foi religieuses étaient fondées sur la raison. La foi, selon Kierkegaard, est profondément irrationnelle et impossible à prouver. Il réfutait aussi les processus dialectiques hégéliens dans lesquels les individus disparaissent en même temps que leur possibilité de choisir par eux-mêmes.

Il s'intéressait principalement à la question de l'existence, et sa philosophie annonce l'existentialisme. Les gens, d'habitude, ne s'occupent pas du sens de leur vie et se réfugient dans un train-train anonyme. Mais Kierkegaard, lui, ça ne lui suffisait pas.

Le saut de la foi

Pour Kierkegaard, il fallait donc s'engager dans le christianisme en acceptant le « saut de la foi », car les dogmes fondateurs doivent être acceptés sans preuves. Il aboutit à la conclusion qu'on peut choisir de mener une vie morale, esthétique ou religieuse. Sa préférence allait à la troisième possibilité.

On devient chrétien en sachant avec une « incertitude objective » que Dieu ne se prouve pas. On est loin ici du « christianisme public » que Kierkegaard stigmatisait dans son milieu luthérien. Sa foi était ironique, enjouée, passionnée. Il écrivait comme un romancier, sous différents pseudonymes, en réaction contre la philosophie sèche et abstraite.

De l'idéalisme au matérialisme

Pendant plus de quatre-vingts ans, la philosophie idéaliste allemande a soutenu que le monde était constitué d'idées, même si on n'était pas toujours d'accord sur la nature de ces idées ou ce qu'on savait d'elles. **Ludwig Feuerbach** (1804-1872) joua un rôle fondamental en éclairant d'un jour nouveau le concept hégélien d'aliénation. Pour Hegel, la conscience progresse par une suite de contradictions internes qu'elle cherche à dépasser. Si Feurbach a raison, il devient évident que la religion est dans l'erreur.

Plus tard, il s'éloigna de sa position d'hégélien de gauche critiquant l'illusion religieuse pour se rapprocher du matérialisme dialectique. « On est ce qu'on mange », disait-il pour signifier que les besoins matériels priment sur les idées. Feuerbach, unissant Hegel et le matérialisme, ouvrit la voie pour Karl Marx.

Marx : le matérialisme dialectique

Karl Marx (1818-1883), d'abord hégélien de gauche, développa ensuite un modèle historique de matérialisme dialectique. Sa philosophie est un mélange original d'idéalisme allemand, d'économie politique anglaise et de socialisme français.

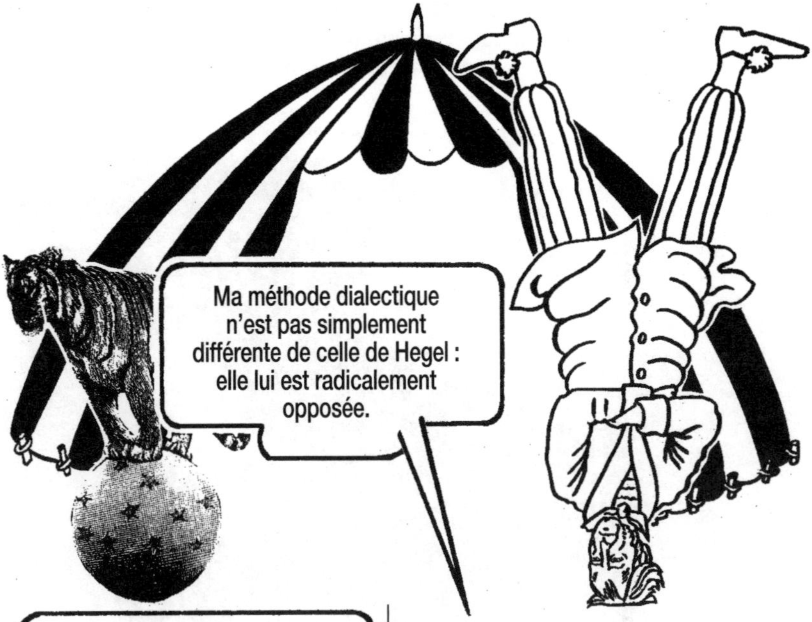

La dialectique hégélienne faisait de l'histoire une progression vers la liberté, qui atteignait son apogée dans l'état prussien. Pour Marx, Hegel prenait tout à l'envers : ce n'est pas la conscience qui détermine la vie, mais la vie qui détermine la conscience. La pensée ne crée pas la réalité, *ne peut pas* la créer ; mais les réalités économiques influent sur les idées des gens.

Pour Marx, l'Histoire est un combat dialectique incessant, non entre des idées abstraites (comme pour Hegel) mais entre des classes et des forces économiques bien réelles. C'est la raison pour laquelle sa philosophie est parfois appelée matérialisme dialectique. Ces combats opposèrent d'abord les esclaves à leurs maîtres, puis les serfs et leurs seigneurs. Dans les sociétés modernes, la guerre civile économique voit s'affronter les bourgeois (propriétaires du capital et des moyens de production) et le prolétariat, population de travailleurs urbains qui vend sa force de travail, et doit s'achever par une révolution internationale qui bouleversera la société et l'histoire tout entière.

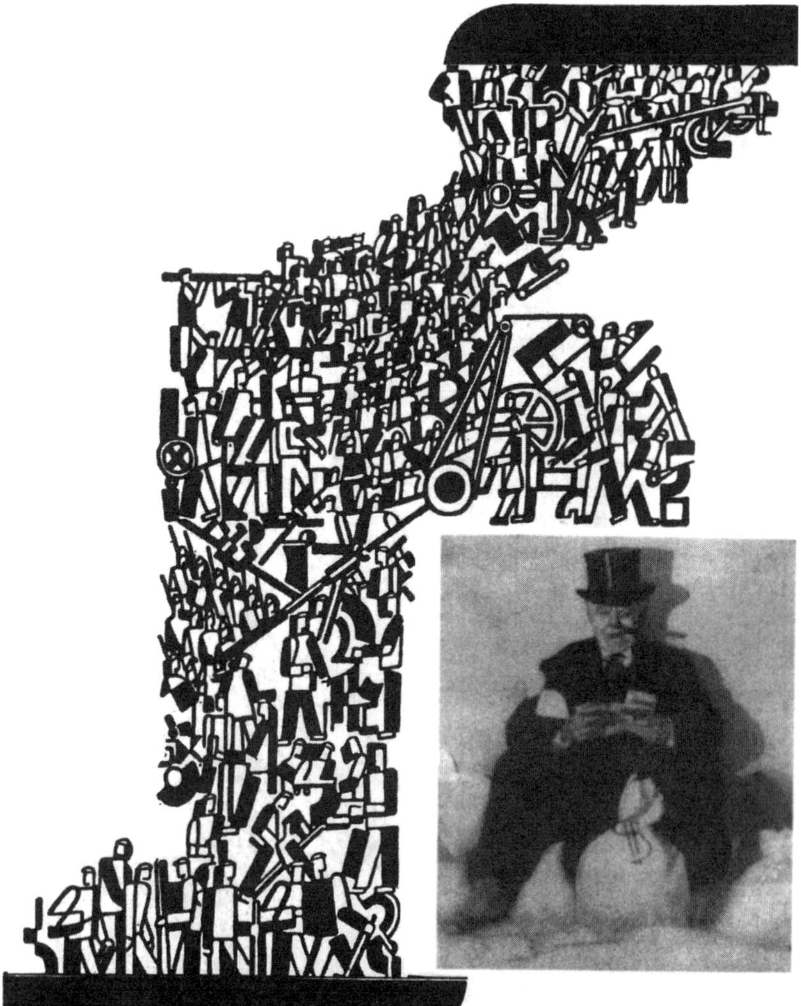

Une philosophie de l'économie

En économie, Marx était déterministe : toutes les croyances, les actions des hommes (dont la religion et la philosophie) sont issues de forces matérielles. La base économique de tout système et de toute production détermine la superstructure de ses institutions légales, politiques et culturelles. Leur rôle premier est de produire et de répandre une idéologie : « Les idées dominantes d'une époque n'ont jamais été que les idées de la classe dominante ». En d'autres termes, tout le monde – les capitalistes comme leurs victimes – souffre d'une « fausse conscience » qui les empêche de voir qu'une des classes est exploitée par une autre.

Plus-value

Selon la théorie de l'économiste **David Ricardo** (1772-1823), les matières premières tirent leur valeur des heures de travail effectuées sur elles. Marx allait plus loin. Pour lui, cela signifiait que les propriétaires du capital exploitaient leurs ouvriers en volant les heures de travail – la plus-value – sur tout ce qu'ils produisaient.

Les travailleurs sont les vrais pro-* ducteurs de richesses, mais ils sont aliénés : ils ne voient pas que ce qu'il produisent leur appartient. « Le travail des masses se transforme en capital pour quelques privilégiés. »

* mais ils ne sont pas les seuls VRAIS prod. de richesses : tou
ceux qui, de près ou de loin, participent à la production, à

La fin du capitalisme

Grâce à un autre économiste, **Adam Smith** (1723-1790), l'Europe du XIXe siècle pensait que le capitalisme était inévitable, voire voulu par Dieu. Marx estimait que son approche scientifique de l'économie permettait de prédire avec certitude l'implosion finale du système capitaliste. La richesse se concentrerait dans les mains d'un petit nombre tandis qu'une grande majorité de la population sombrerait dans la pauvreté.

Ensuite : révolution, naissance d'une société communiste dans laquelle chacun donnerait selon ses capacités et prendrait selon ses besoins.

Marx, le prophète

Marx a toujours soutenu qu'il n'était pas marxiste. Il se prenait très au sérieux, mais n'appréciait pas que certains de ses disciples le pensent infaillible. Aujourd'hui, les économistes ne pensent plus que leur discipline est une science exacte. Beaucoup des prédictions de Marx sont erronées.

La philosophie de Marx ne dit pas clairement comment l'économie d'une société régit sa superstructure politique et culturelle. Des marxistes comme **Herbert Marcuse** (1898-1979), de l'École de Francfort, en vinrent à penser que la superstructure dispose d'une existence indépendante.

Les idées sont peut-être aussi importantes que l'économie dans l'Histoire et la pensée humaines : Hegel n'a pas forcément tout faux, après tout. Certains activistes ou philosophes post-marxistes le pensent d'ailleurs, comme **Antonio Gramsci** (1891-1937) qui expliquait qu'on finit par trouver naturelles les constructions idéologiques de son univers politique et social.

Le post-structuraliste **Roland Barthes** (1915-1980) montra plus tard le fonctionnement de ce processus de « naturalisation ».

L'utilitarianisme : science morale

Pendant que Marx passait son temps dans la bibliothèque du British Museum, une philosophie matérialiste athée naissait en Angleterre : l'utilitarianisme, fondé par **Jeremy Bentham** (1748-1832) et repris par **John Stuart Mill** (1806-1873). Contre Marx, ces deux hommes pensaient que le capitalisme n'était pas intrinsèquement mauvais, mais inévitable et bénéfique.

Bentham était avocat. Assez excentrique, il s'intéressait aux rapports entre la morale et les lois.

Il proposa donc son propre système éthique et politique basé sur une définition scientifique de la nature humaine.

Tous les êtres humains connaissent la douleur et le plaisir. La philosophie morale et politique devrait donc chercher à minimiser la douleur et à augmenter le plaisir. Vive la démocratie !

Le rôle d'un gouvernement est donc d'assurer autant de bonheur que possible à autant de gens que possible.

Bentham croyait sincèrement que le bonheur pouvait être mesuré scientifiquement, permettant ainsi de résoudre les problèmes moraux et politiques. Il appelait ça un « calcul félicifique » (qui apporte le bonheur). Il pensait aussi que le capitalisme était le système le plus à même de produire de grandes quantités de bonheur matériel.

Le bonheur public

Comme moyen d'organiser les priorités d'un gouvernement populiste démocratique, l'utilitarianisme, c'est pas mal du tout : donner aux gens ce qu'ils réclament, ou du moins ce que le gouvernement pense qu'ils réclament. Ça encourageait l'idéal victorien d'utilité publique – poser des égouts, construire écoles et hôpitaux : tout cela facilitait le bonheur. Bentham pensait aussi que les gouvernements devaient pénaliser les paresseux en créant des asiles de pauvres et enfermer les criminels dans des « panopticon », prisons dans lesquelles chaque prisonnier est surveillé en permanence depuis une tour centrale.

La tyrannie de la majorité et du pluralisme

John Stuart Mill tenta de modifier la doctrine originelle de Bentham. Il craignait que l'utilitarianisme ne mène à une « tyrannie de la majorité ». Si la majorité pense que le bonheur passe par l'oppression de groupes minoritaires comme les tsiganes ou les hippies, le gouvernement suivra. L'utilitarianisme néglige les droits des individus. De plus, puisqu'il faut nécessairement une organisation centrale distribuant le bonheur, les gouvernements et leur bureaucratie deviennent trop puissants.

Mill se rendait également compte que les fondations de l'utilitarianisme étaient fragiles. Même si les individus sont biologiquement programmés pour chercher leur propre bonheur, en quoi l'utilitarianisme leur donnerait-il envie de s'intéresser au bonheur des autres ?

Les origines de la philosophie américaine

Les États-Unis sont une invention européenne, en partie parce que leur Constitution repose sur les principes des Lumières. Après la guerre d'Indépendance (1774-1781), les « pères fondateurs » durent décider de l'avenir politique du pays. Le rôle du gouvernement et l'étendue des pouvoirs dont il devait disposer furent l'objet de nombreux débats. Chose étonnante, beaucoup d'hommes politiques se méfiaient des institutions démocratiques. Mais d'autres, comme Thomas Jefferson (1743-1826) et Benjamin Franklin (1706-1790) prenaient très au sérieux les idées politiques et philosophiques venues d'Europe, et finirent par imposer leurs vues. Les États-Unis devinrent une république démocratique.

Le meilleur gouvernement : pas de gouvernement

Henry David Thoreau (1817-1862), l'un des premiers philosophes américains, pensait que la liberté et le bonheur n'étaient possibles que hors de tout gouvernement. Durant deux ans, deux mois et deux jours, il a fui la société et s'est réfugié dans une cabane du Massachusetts, où il a écrit *Walden* (1854) qui célèbre la beauté tranquille de la nature et prêche pour une vie simple.

Je ne sais pas ce qu'il penserait ni ce qu'il serait capable de faire s'il était né 1 siècle après sa mort i.e. c. 1962 & qu'il se retrouverait en plein monde virtuel... de l'ordi & de l'info-sphère : l'univers de la protéiforme info, de l'électronique & du nucléaire, etc, etc, etc, ???
Ça pourrait p-être faire un bon livre que de (faire) ressusciter "WALDEN" fin 20e - début 21e...

Un jour de 1846, Thoreau quitta sa cabane et s'aventura en ville pour faire ressemeler une chaussure. Pas de chance, les autorités le virent et lui réclamèrent le paiement de ses impôts. Comme il pensait que cet argent contribuerait à financer la guerre contre le Mexique et soutiendrait l'esclavage, il refusa et passa la nuit en prison. De cette expérience il tira un livre romantique et anarchique, *La Désobéissance civile*.

Cette belle tradition est toujours vivace. Des américains comme Noam Chomsky (né en 1928) croient toujours à la primauté de la conscience individuelle sur l'autorité de l'État et, sages, se méfient des vastes corporations et des agences gouvernementales si importantes dans leur pays… et dans sa politique extérieure. Les beatniks et les hippies doivent beaucoup à la dissidence anarchique de Thoreau.

Emerson

Les idées de Thoreau ne sortent pas de nulle part. Il faisait partie d'un mouvement littéraire et philosophique bien américain, le transcendantalisme. En général, quand on qualifie une philosophie de « transcendantale », c'est qu'elle exprime une soif métaphysique de connaissances d'ordre supérieur, accessible non par les sens mais par la raison ou l'intuition. Les Formes platoniciennes et les spéculations du Moyen Âge sur la nature de Dieu, par exemple. Pour Kant, ce genre de choses était hors d'atteinte, même s'il était possible d'accéder partiellement à une connaissance transcendantale des catégories et des intuitions qui rendaient possible l'expérience.

Le transcendantalisme de **Ralph Waldo Emerson** (1803-1882) est un mélange unique et assez bizarre des idées de Platon et de Kant, d'hindouisme, d'idéalisme allemand et de romantisme anglais. Profondément mystique, il glorifie l'intuition et la conscience individuelle contre l'état et la religion.

Les transcendantalistes comme Emerson et Thoreau exprimaient des vues panthéistes sur la beauté de la nature ; cette beauté était due à la divinité cachée en toutes choses (même si ce n'est guère transcendant, comme idée...). Pour Emerson, le but fondamental de la vie est l'union avec l'âme universelle ou « surâme », une entité proche de la substance moniste de Spinoza ou de l'« Esprit » de Hegel. Le transcendantalisme est un amalgame tarabiscoté de diverses traditions philosophiques et littéraires européennes (et orientales) : le résultat est plus proche du phénomène littéraire et social que de la philosophie pure et dure.

À la fin de sa vie, Emerson soutint activement la cause abolitionniste et donna des conférences dans les états du Nord. L'influence des deux hommes sur la culture et la politique américaines est immense. « Qui veut être un homme doit être non-conformiste. »

Le pragmatisme

Mais la philosophie purement américaine la plus importante est le pragmatisme. **Charles Sanders Peirce** (1839-1914) et **William James** (1942-1910), empiristes radicaux, étaient hostiles à la spéculation métaphysique véhiculée par le transcendantalisme. Le pragmatisme rejette les conceptions rationalistes et empiriques traditionnelles comme autant d'expériences intellectuelles privées, et suggère que le savoir doit être envisagé comme une adaptation au milieu destinée à résoudre les problèmes.

C.S. Peirce

Le pragmatique le plus profond et le plus original est sans conteste C.S. Peirce. On ne lui a rendu justice que récemment : c'est lui qui a préparé le terrain pour la philosophie du XXe siècle. Comme Thoreau, il ne s'est jamais intégré à la bonne société américaine. Il n'a rien publié de son vivant, mena une existence recluse et mourut pauvre. Dans sa jeunesse, il était physicien ; on lui doit d'importantes découvertes en géophysique. Il a aussi fait progresser la logique formelle et la philosophie des sciences. Son empirisme radical anticipe les idées des positivistes logiques, mais ça, on le verra plus tard.

Il disait qu'il était un « faillibiliste contrit » parce qu'il reconnaissait que le savoir scientifique est provisoire. En cela, il annonçait le « falsificationnisme » de Karl Popper (voir page 150).

La sémiotique

Et, chose importante, il a plus ou moins inventé la sémiotique – ou théorie des signes –, discipline cruciale pour le structuralisme et le postmodernisme. Peirce a classé les signes en trois catégories : naturels (des nuages signifient la pluie, des boutons la rougeole), iconiques (lorsque le signe ressemble à ce qu'il représente – des petits pois dessinés sur une boîte de conserve) et conventionnels (lorsque le signe est entièrement inventé, résultat d'une convention – la couleur rouge pour le danger, en Occident). Peirce appelait les signes de la dernière catégorie des « symboles ».

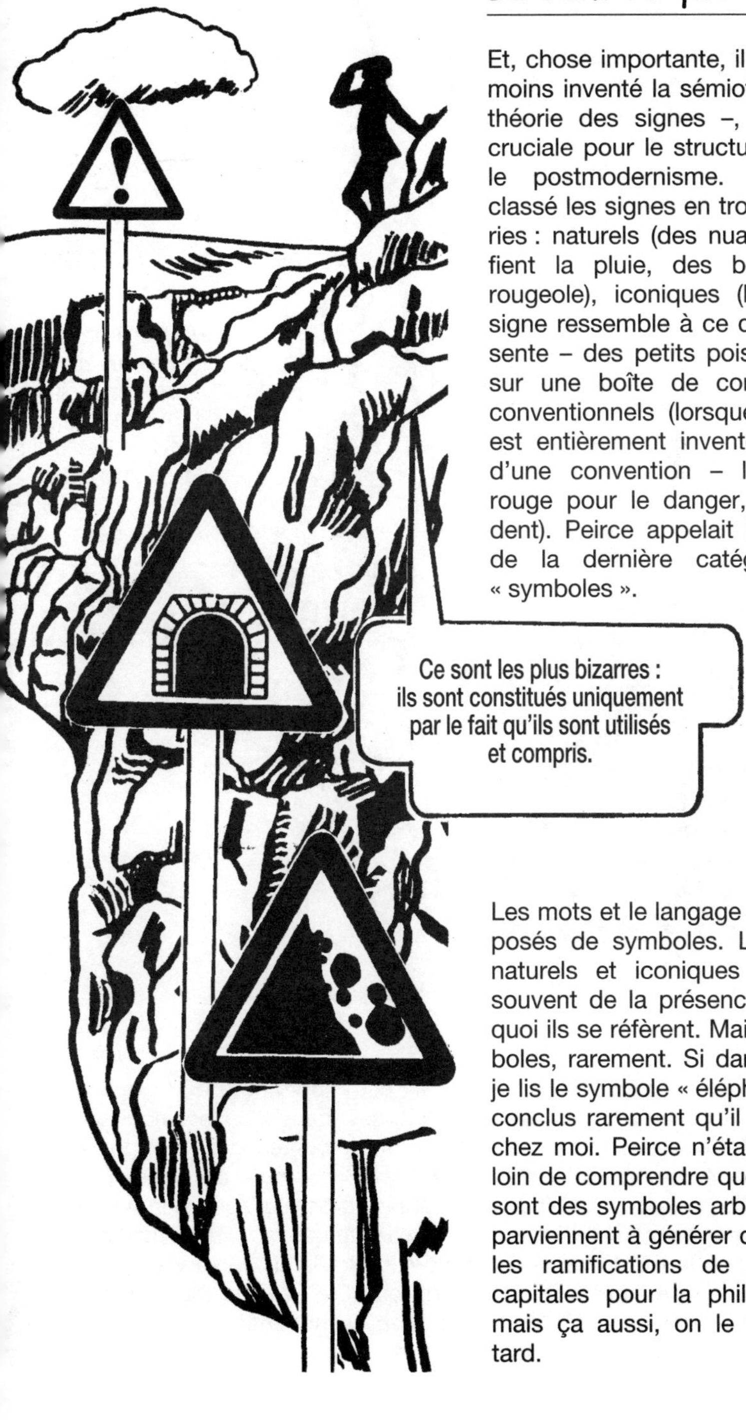

Les mots et le langage sont composés de symboles. Les signes naturels et iconiques informent souvent de la présence de ce à quoi ils se réfèrent. Mais les symboles, rarement. Si dans un livre je lis le symbole « éléphant », j'en conclus rarement qu'il y en a un chez moi. Peirce n'était pas très loin de comprendre que les mots sont des symboles arbitraires qui parviennent à générer du sens, et les ramifications de ceci sont capitales pour la philosophie – mais ça aussi, on le verra plus tard.

William James

William James a été très influencé par le pragmatisme de Peirce. James pensait lui aussi que les idées ne devaient pas être vues comme des entités métaphysiques abstraites, mais comme des outils pratiques. *Principes de psychologie* (1890) est le premier manuel sur l'esprit humain à insister sur le fait que la psychologie devait se rapprocher des sciences naturelles expérimentales. James s'intéressait aux fondements physiques de la conscience et de ses fonctions biologiques, qu'il expliquait en termes darwiniens.

On appelle ça le fonctionnalisme ; ce qui est important là-dedans, c'est le rôle de la conscience. James pensait aussi que la conscience fonctionne en flot continu, et non par succession de petites idées – important pour la fiction du XXe siècle et pour la phénoménologie de Husserl. De plus, pour lui, on pouvait vaincre la dépression par l'usage de la volonté (il l'avait expérimenté sur lui-même). Il remarqua que la foi religieuse donnait un sens à la vie de beaucoup de gens, et à la fin de sa vie il étudia le mysticisme. Il aboutit à la conclusion que Dieu existe, mais qu'il est fini, ce qui explique plutôt bien pourquoi les hommes sont libres, et séparés de Dieu, et pourquoi le Mal existe.

John Dewey

John Dewey (1859-1952), un pragmatique systématique ou « instrumentaliste », pensait qu'être philosophe c'était faire preuve d'intelligence critique et d'une approche scientifique des problèmes humains. Les pragmatiques s'enthousiasmaient pour les succès de la science et ses méthodes. Dewey pensait aussi que la philosophie pouvait jouer un rôle majeur dans la démocratie américaine en contribuant à tous les domaines de connaissance (éthique, art, éducation, et les sciences sociales émergentes). Comme Peirce, Dewey était un « faillibiliste », mais croyait fermement au progrès de l'humanité. La société ne peut progresser que si ses membres sont intelligents et flexibles.

Il encourageait les enfants à résoudre des problèmes en testant les hypothèses qu'ils avaient formulées. Il pensait que l'expression artistique devait être encouragée parce qu'elle amène à trouver des solutions originales à des problèmes spécifiques.

La démocratie

Dewey approuvait la démocratie pour des raisons très pragmatiques. Les démocraties sont flexibles, adaptables, et échappent aux dogmes. C'est pour cela qu'il s'intéressait à la sociologie, une discipline nouvelle, parce qu'elle fournissait des statistiques utiles. Il pensait que les problèmes sociaux ne pouvaient se résoudre par des théories abstraites.

Comme nous tous, Dewey était un produit de son époque. Sa vision de la société, gradualiste, se limite à celle de la bourgeoisie des petites villes américaines. Pour améliorer la vie des Américains, il prônait l'éducation au lieu de l'agitation.

Les néo-pragmatiques

Après la guerre, aux États-Unis, le pragmatisme fut éclipsé par la philosophie analytique et la phénoménologie venues d'Europe, mais ne disparut jamais complètement. Les philosophes américains pensent aujourd'hui encore que leur sujet doit avoir un intérêt pratique, même si personne ne sait vraiment lequel. **W.V. Quine,** un philosophe américain, montra presque à lui tout seul que certains des dogmes fondateurs de la philosophie analytique sont flous. C'était un pragmatique en ce sens qu'il soutenait que le savoir est forcément holistique.

Richard Rorty (né en 1931), un autre philosophe américain, est souvent décrit comme « néo-pragmatique sophistiqué », en partie parce qu'il s'entête à s'interroger sur le rôle de la philosophie.

L'avalanche philosophique

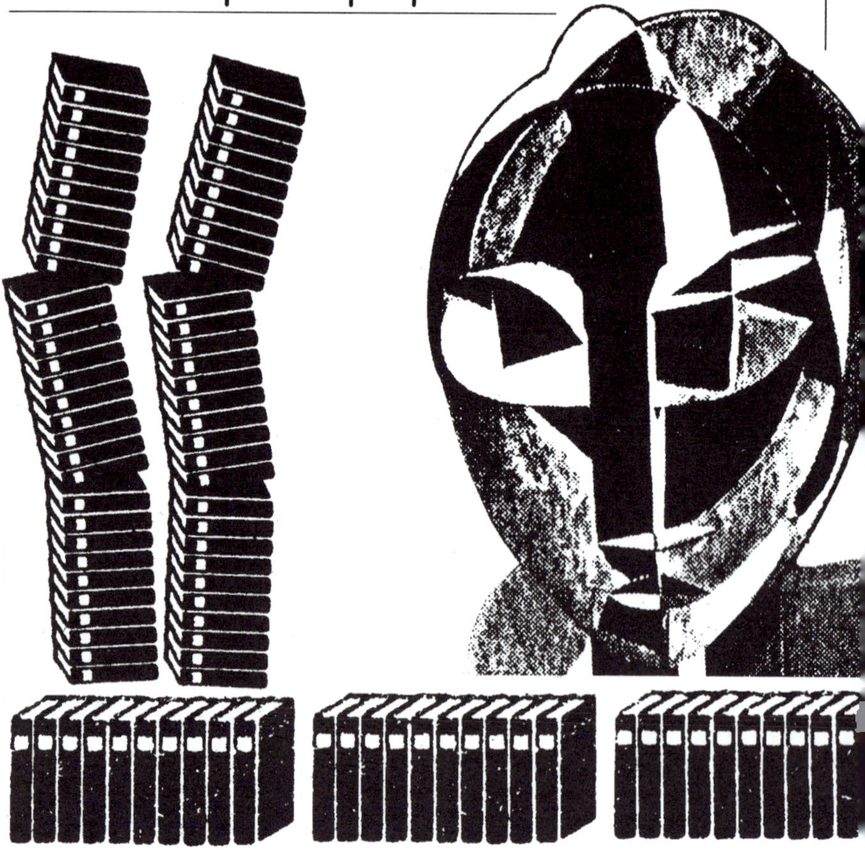

Aujourd'hui, aux États-Unis, on compte au moins dix mille universitaires spécialisés en philosophie. Pour eux, la philosophie reste une activité pratique à propos des problèmes de la conscience, de l'intelligence artificielle, de l'éthique médicale, des droits de l'homme, des maths, des implications du relativisme épistémologique et éthique, de la logique, de plein de choses. La philosophie américaine, vaste sujet ! Ce petit livre ne peut en donner qu'un aperçu.

John Rawls (né en 1921), dans *Théorie de la justice*, essaie de montrer qu'on peut réconcilier la justice sociale et le capitalisme libéral à l'aide d'un contrat présociétal.

Saul Kripke (né en 1940) a voulu changer la façon dont les philosophes envisagent les relations entre la logique et l'expérience. Il dit que nous savons que l'eau, c'est H_2O aussi certainement que nous connaissons les mathématiques et la physique.

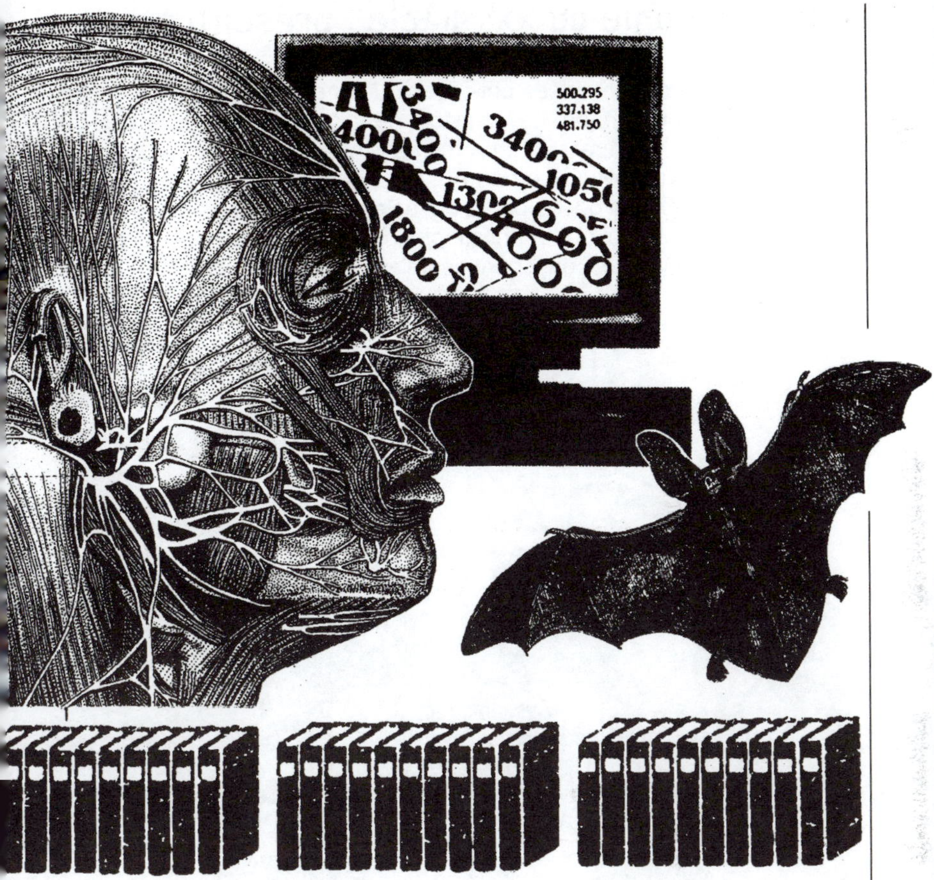

Daniel Dennett (né en 1942) a formulé des idées radicalement nouvelles sur la nature de la conscience humaine, comme **Thomas Nagel** (né en 1937).

John Searle (né en 1932) a travaillé sur la philosophie du langage et critique les théories matérialistes trop enthousiastes. Il soutient que les ordinateurs seront toujours plus rapides mais plus bêtes que nous parce que le « sens » leur échappe.

Rorty, le néo-pragmatique, maintient que la philosophie n'est qu'une voix parmi d'autres dans la conversation générale, ou, pire, une maladie qu'il faut soigner. Sceptique... mais peut-être vrai. En tout cas, ça ne diminue guère le nombre impressionnant de livres et d'articles de philosophie publiés chaque année aux États-Unis (environ quatre mille).

La philosophie au XXe siècle : présentation

Nietzsche disait que les idées philosophiques ne sont que les croyances dominantes d'une époque. Le XXe siècle ne fait pas exception à la règle. Les philosophes s'intéressent aux mêmes thèmes : problèmes sociaux, perte de l'identité individuelle, doute… On s'occupe aussi davantage des problèmes complexes posés par la conscience humaine, le sens, la logique. On distingue souvent la philosophie de ces quatre-vingts dernières années en « analytique » ou « continentale ».

Les origines de la phénoménologie

Kant, avec sa critique de la métaphysique, avait conclu que tout ce que nous pouvons connaître avec une certaine exactitude est le monde phénoménal de l'expérience sensorielle, les apparences, mais jamais le monde nouménal des choses telles qu'elles sont vraiment. On peut se poser la question : « Nous faisons des expériences, mais des expériences de quoi ? »

La phénoménologie tente de répondre à cette question en cherchant à comprendre comment les choses pénètrent notre conscience.

Franz Brentano (1838-1917), philosophe et psychologue, a proposé une « psychologie descriptive ou phénoménale ».

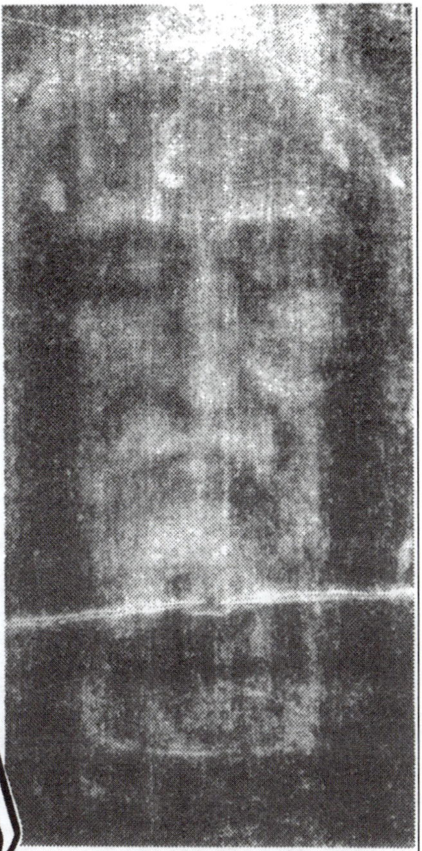

Brentano parlait de la primauté de l'intention. La conscience est toujours dirigée vers quelque chose. Si je crois, si je hais, si je vois, il y a forcément quelque chose que je crois, que je hais, que je vois – même si cette chose n'existe pas vraiment, que ce soit un fantôme ou un souvenir.

Les liens avec la psychologie et les mathématiques

La phénoménologie a un lien direct avec la psychologie expérimentale, fondée en 1879 par **Wilhelm Wundt** (1832-1920), le premier à émettre l'idée que l'introspection (l'examen de son propre esprit selon des règles strictes) pouvait être une méthode expérimentale. Brentano lui-même était un proche d'un des fondateurs de la psychologie Gestalt, **Christian von Ehrenfreis** (1859-1932). Avec **Husserl**, les maths aussi entrent dans la danse. Husserl qui, à la base, s'occupait de philosophie des mathématiques, a adopté les idée de Brentano sur la conscience intentionnelle. Pour lui, la phénoménologie était une description du contenu de la conscience.

Les méthodes de réduction

Il n'y avait, semblait-il, qu'une façon de le savoir : effectuer une série de « réductions » en ignorant les à-côtés métaphysiques et théoriques pour se concentrer sur le contenu de la conscience et son « intentionnalité », trait distinctif. Husserl appelait ça « *epoche* » ou suspension.

Le problème, et Husserl le reconnaissait, c'est que ce genre d'exercice mène au solipsisme – on ne peut jamais être certain que de soi-même. D'ailleurs, il doutait même de cela, puisque jamais notre identité n'est directement présente dans notre conscience.

Heidegger

La phénoménologie s'adresse à un niveau de conscience primordial. La question est : la conscience perçoit-elle les choses en elles-mêmes, ou bien le monde n'est-il là que pour notre esprit ? **Martin Heidegger** (1889-1976), un disciple de Husserl, a poussé cette question plus loin encore : « être », ça signifie quoi ? Cette question de l'être, qu'Heidegger appelle « ontologie fondamentale » dans *L'Être et le temps* (1927) est cruciale.

Husserl, comme Descartes avec son « Je pense, donc je suis », oublie que c'est une contrainte morale qui fait qu'on existe. « Être là » dans le monde (*Dasein*), c'est très différent d'« être conscient ». Être *humain*, c'est pouvoir exister dans le monde, être déterminé par les choix qu'on fait, même par nos erreurs.

Néant et inauthenticité

Heidegger demande : « Pourquoi y a-t-il quelque chose plutôt que rien ? ». Nous devons faire face à une anxiété sans objet, un néant (*das Nichts*) : notre mort. Mais tant que nous vivons, notre existence doit être marquée par l'exercice de notre liberté. Cela seulement peut nous garantir l'authenticité. Nous sommes jetés dans le monde, et pour bien des gens ça revient à être déterminé par « eux », par les rôles que d'autres nous font jouer.

Mais peut-on être authentique parmi les sociétés de masse, les idéologies totalitaires, la technologie galopante ? Heidegger répondait que les hommes devaient s'engager dans leur culture, leurs traditions – un point de vue qui l'a conduit à opérer des choix politiques désastreux : il soutenait Hitler et les nazis, et semble ne jamais l'avoir regretté. Évidemment, ça peut en gêner certains.

Sartre et l'existentialisme

Heidegger refusait qu'on le relie aux **existentialistes**. L'existentialisme est une philosophie développée par **Jean-Paul Sartre** (1905-1980) à partir de sources continentales : Descartes, Hegel et Husserl. Certes, *L'Être et le néant* (1943) porte la trace de l'influence de Heidegger, mais au fond Marx y joue un plus grand rôle. Sartre aussi cherchait l'authenticité, et comme Kierkegaard croyait à l'« engagement ». Mais tout tourne autour du fait, crucial, qu'il n'y a pas de Dieu, ce qui rend l'univers « absurde », dépourvu de sens ou de but. Pas de Dieu ? donc pas de nature humaine, puisque les hommes n'ont pas été fabriqués selon un plan divin, pas d'« essence ».

Nous sommes créés par nos choix ou, comme le dit Sartre, « l'existence précède l'essence ». D'où le nom d'existentialisme.

Liberté et mauvaise foi

À bien des égards, l'existentialisme de Sartre est très cartésien. Nous ne pouvons être sûrs que de notre esprit. Sartre oppose toujours la liberté, l'imagination dont notre conscience fait preuve, aux objets dépourvus de conscience et de liberté comme les coupe-papier. Mais pour lui le « moi » n'est pas un phénomène statique qu'on découvre par un examen cartésien. C'est un projet personnel que nous devons assumer.

Les gens de mauvaise foi cherchent toutes sortes d'échappatoires, souvent en se coulant dans un moule social (« Je suis serveur, c'est tout ») ; mais ils confirment aussi que la liberté existe. Et puis... la liberté est-elle si totale que Sartre l'affirme ? Oh... et la mauvaise foi est-elle toujours si mauvaise que ça ?

La vie politique authentique

On voit bien pourquoi le choix politique était si crucial pour Sartre. En 1941, les troupes d'occupation nazies entrèrent dans Paris. Chacun dû choisir son camp : collaborer ou se battre. Sartre entra dans la Résistance. Plus tard, il se prononça pour l'indépendance de l'Algérie et refusa le Prix Nobel. Il répétait que le marxisme était la seule philosophie valable dans le monde moderne.

Toute sa vie, Sartre combattit sa propre « inauthenticité » pour éviter de tomber dans le rôle tout trouvé du « célèbre philosophe existentialiste ».

Camus et l'absurde

Albert Camus (1913-1960), né en Algérie, journaliste, essayiste et romancier, refusait l'étiquette d'existentialiste, qui lui convient pourtant au moins par son exploration de la signification émotionnelle de la vie dans un monde absurde, sans Dieu. Sa participation à la Résistance l'a rapproché de Sartre, avec qui il s'opposait pourtant à propos du communisme et de la question algérienne. Comment trouver du sens dans un univers insensé ? Camus en parle dans *Le Mythe de Sisyphe* (1943). Sisyphe, condamné par les dieux à pousser un rocher au sommet d'une montagne… rocher qui chaque fois roule et se retrouve au bas de la pente, éternellement. Camus ouvre son livre par une question…

… et il enchaîne : juger si la vie vaut ou non la peine d'être vécue, c'est répondre à la question philosophique fondamentale. Sisyphe choisit de donner un sens à sa tâche absurde, et elle *cesse* d'être absurde. C'est ce que les hommes doivent faire face à leurs vies, absurdes elles aussi.

La philosophie analytique : le problème des mathématiques

Les philosophes ont une sale manie : poser des questions très simples dont les réponses sont affreusement compliquées. Tout le monde sait que deux et deux font quatre. Mais les philosophes demandent *pourquoi*… Pythagore était convaincu que les maths étaient la clé de tout. Platon pensait que les nombres avaient une vie propre. L'une des grandes préoccupations de certains philosophes analytiques du XXe siècle est d'essayer de trouver dans la **logique** les « fondations » des mathématiques.

Et ça, ça embêtait le philosophe empirique victorien John Stuart Mill, selon qui la certitude mathématique était trop belle pour être vraie. Il soutenait que les maths n'étaient qu'une vérité inductive hautement probable basée sur notre expérience du monde.

D'accord, mais dans ce cas, pourquoi les maths nous donnent-ils si souvent une image exacte de l'univers ? Kant répondait que les maths étaient un autre exemple de l'« *a priori* synthétique » : pour nous les maths ne se trompent jamais, parce que c'est comme ça que nos cervelles sont faites.

Frege et les maths démystifiés

Gottlob Frege (1848-1925) a mené une vie recluse et monotone, mais a bouleversé la philosophie occidentale en instaurant la logique comme fondation à la place du « problème de la connaissance ». Il a jeté aux orties la logique déductive traditionnelle et en a produit une nouvelle version, formelle et symbolique, qui, pensait-il, pouvait mettre en évidence les liens profonds entre les maths et la logique. Frege a démystifié les maths en prouvant que les nombres ne sont pas des « objets » comme les girafes.

Puis Frege montrait que les mathématiques sont analytiques, ou « vides ».

Les philosophes rationalistes ont souvent avancé que les maths étaient le plus grand paradigme du type de vérités fondamentales produites par la raison. Frege casse cette idée. C'est très important, parce que ça a contribué à détruire l'illusion qu'il existait une catégorie de savoir métaphysique auquel seuls les philosophes pouvaient accéder.

Le mystère, encore et toujours

Frege était à deux doigts de résoudre le problème de la vérité mathématique. Mais, pas de chance, Bertrand Russell découvrit en 1903 un paradoxe apparemment insoluble pour le système de Frege, et Kurt Gödel (1906-1978) prouva que, dans tout système cohérent, il y aurait toujours des faits mathématiques indémontrables. Un système formel peut être cohérent ou complet, mais jamais les deux.

Et voilà ! Les maths échappent à la logique, et demeurent l'un des problèmes centraux de la philosophie moderne.

Signification et référence

Frege contribua également à fonder la philosophie de la linguistique moderne, à passer du problème de la connaissance au problème plus fondamental encore du sens. Il faisait remarquer que le langage grammatical de tous les jours n'est pas logique, et que la logique elle-même ne dépend pas de la psychologie. Le langage a deux fonctions distinctes.

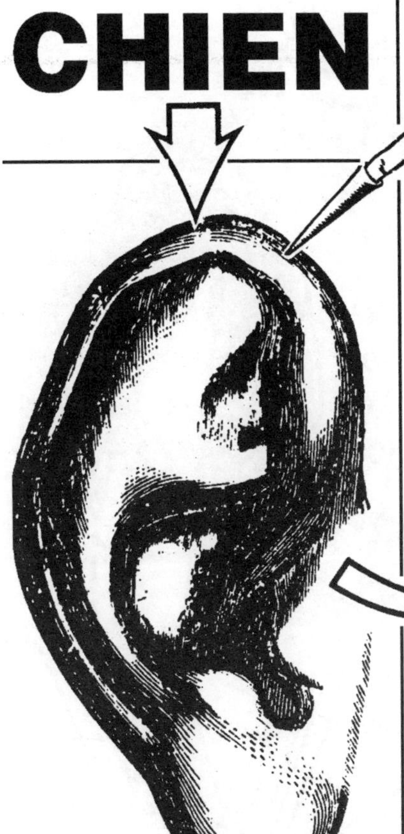

Le sens d'un langage est un phénomène public conventionnel, soumis au changement, mais la référence est vraie ou fausse. Frege recherchait un système de logique très complexe à partir de cette idée.

L'atomisme logique de Russell

Bertrand Russell (1872-1970) et **Alfred North Whitehead** (1861-1947) s'occupèrent des mêmes domaines que Frege en tentant, sans succès, de prouver dans leurs *Principia Mathematica* que les maths les plus simples – 1+1 = 2, par exemple – reposaient sur la logique.

Issu de la respectable famille des empiristes anglais, Russell était un « atomiste logique ». Pour lui, la meilleure façon de comprendre le monde est de tout réduire en éléments de base. On s'aperçoit alors que des propositions individuelles se réfèrent à des sensations individuelles, causées par des « morceaux » du monde.

La langue de tous les jours doit être ramenée à sa forme logique pour perdre toute ambiguïté. Pas très clair ? Prenons le mot « est ». Russell proposait une théorie de « descriptions définies », avec l'exemple bien connu : « Le roi de France est chauve ». Ici, que décrit « est » ? Russell a une approche totalement logique de ce « est », au contraire de Heidegger – nous allons voir ça tout de suite.

L'analyse logique

La phrase « Le roi de France est chauve » est étrange car elle se réfère apparemment à quelqu'un qui n'existe pas. Russell propose une solution à cette énigme linguistique : découper la phrase en l'ensemble de ses composants logiques, afin de voir plus facilement ce qui ne va pas. Quelque chose comme ça :

- IL EXISTE ACTUELLEMENT UN ROI DE FRANCE : **FAUX**
- TOUS LES ROIS DE FRANCE SONT CHAUVES.
- IL N'Y A QU'UN ROI DE FRANCE.

Le « est » de la phrase originale, sournois, implique qu'il existe un roi de France, alors que c'est faux. L'analyse logique le montre clairement. Ce type d'analyse révèle aussi la différence entre le « sens » d'une phrase et sa « référence ».

Frege et Russell pensaient tous deux que la philosophie moderne ne pouvait plus avoir de sujet déterminé mais aurait à se transformer en une « activité analytique ». Les philosophes du XXe siècle devraient être des logiciens, non des extra-lucides perdus dans la nature intrinsèque de la réalité. Ce qui n'empêcha pas Russell, devenu Lord, de pérorer sur pas mal de sujets moraux et politiques.

Les positivistes logiques

Les positivistes logiques ou *Cercle de Vienne* s'occupaient plus de sciences sociales et physiques que de philosophie. **Moritz Schlick** (1882-1936), **Otto Neurath** (1882-1945) et **Rudolf Carnap** (1891-1970) pensaient que toute la philosophie, surtout l'idéalisme de Hegel, était une absurdité métaphysique.

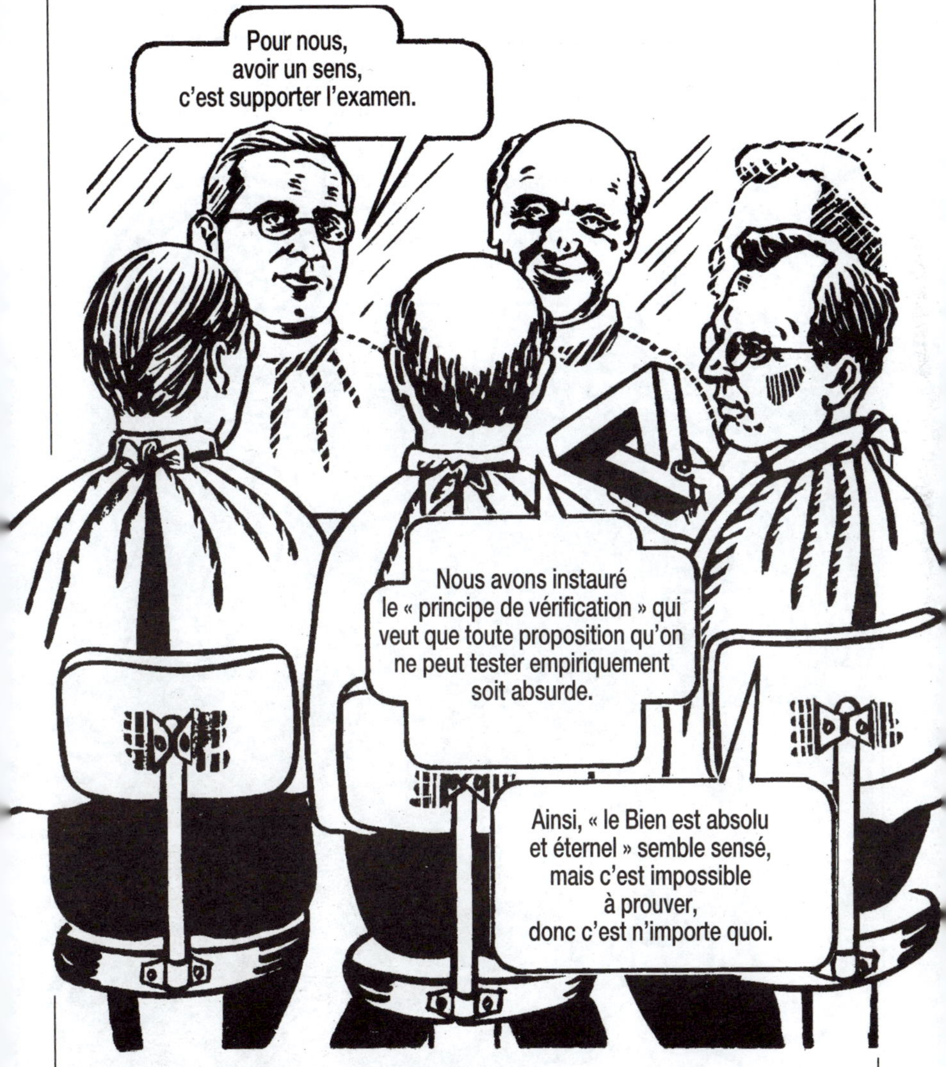

Ils pensaient que la grammaire apparente du langage entraînait les philosophes dans des débats interminables et insolubles sur des entités imaginaires telles que les « substances » de Spinoza et de Leibniz.

A. J. Ayer : le positivisme logique

Les positivistes logiques pensaient que la connaissance psychologique n'existait pas : le seul accès à la connaissance réelle passait par la science. La philosophie ne pouvait être qu'une activité analytique pour clarifier les pensées et éviter les confusions linguistiques. **A. J. Ayer** (1910-1989) alla les voir à Vienne dans les années trente puis, conquis, retourna à Londres. Il écrivit son livre *Langage, vérité et logique* à vingt-six ans ; il y récusait froidement la religion et le langage éthique – « un non-sens » – ce qui choqua ses compatriotes.

En quête de sens

Les membres du Cercle de Vienne croyaient en la tolérance et le progrès scientifique. Ils durent fuir les nazis. Schlick fut assassiné par un de ses étudiants, un détail que les profs de philo omettent souvent de préciser. En tant que théorie du sens, le vérificationnisme échoua assez vite, en partie parce qu'une grande partie de la science moderne est conceptuelle et impossible à tester empiriquement. Personne n'a jamais vu de quark, alors comment en tester un ? Et puis, le sens doit précéder le test, non en découler. Comment tester quelque chose si on ne l'a pas compris avant ? Il devait incomber à un autre philosophe viennois de régler ce problème d'une façon plus satisfaisante.

Wittgenstein : l'atomisme logique

Ludwig Wittgenstein (1889-1951) commença par être ingénieur. Intéressé par la logique en mathématiques, il travailla avec Bertrand Russell à Cambridge en 1911. Il était issu d'une famille viennoise riche et cultivée, mais marquée par le malheur : trois de ses frères se suicidèrent. Enseignant, il était charismatique, impatient et énigmatique et finit par rejeter l'université qu'il trouvait inutile ; croyant, il changea profondément la philosophie occidentale. Pendant la Première Guerre mondiale, il servit dans l'armée autrichienne.

Il publia un court ouvrage très ardu, le *Tractatus Logico-Philosophicus*, en 1922.

Le ***Tractatus*** commence par ces mots : « Le monde est tout ce qui a lieu. » Wittgenstein adopta l'atomisme de Russell, qui explique qu'il faut décortiquer les phrases pour révéler leurs complexités logiques. Il tenta de montrer que le sens vient de phrases atomiquement logiques qui forment une « image » exacte de ce qu'il appelait les « faits atomiques » (oui, l'expression peut surprendre) du monde.

Ces prémisses impliquent qu'il existe des limites aux pensées que le langage nous autorise. Les problèmes métaphysiques surgissent lorsque les philosophes tentent de « dire ce qui ne peut être dit ». C'est ainsi que le livre se termine : « Ce que l'on ne peut pas dire, il faut le taire. »

Le sens du sens

Par la suite, Wittgenstein abandonna ses tentatives atomistes pour résoudre le problème du sens, et entreprit de remettre en cause toute la philosophie traditionnelle en quête de généralités, d'« essence ». Cette nouvelle approche était descriptive et fut l'objet d'un livre posthume, les *Investigations philosophiques* (1953).

Ceci n'est pas un philosophe.

En effet, ce n'est pas parce qu'il existe un mot pour désigner le concept d'Art qu'il faut absolument aller se demander quelle est « la chose essentielle » qui donne son sens au mot, ou sous quelle forme le concept existe dans notre esprit. Le mot « art » est simplement utilisé par les gens pour désigner des activités différentes mais parentes.

Jeux de langage

Le langage est une série de différents « jeux » aux buts différents. Le sens est le résultat de conventions sociales produites par des « formes de vie » et ne peut être établi en dehors du langage. En d'autres termes, le langage est autonome, et indépendant du monde. Wittgenstein adopta une approche thérapeutique du discours philosophique (pour lui, c'était une maladie).

Pensées privées

Wittgenstein est également anti-cartésien dans sa philosophie de l'esprit. La pensée est linguistique. Le langage est un produit de la société, donc la conscience ne peut être privée. Par conséquent, toute quête phénoménologique individuelle de la « certitude » est vouée à l'échec. Descartes et ses disciples avaient toujours considéré qu'une expérience individuelle était plus immédiate, et plus certaine, que les autres. Mais parler, ou écrire, à propos d'une expérience mentale implique d'utiliser une langue publique, des règles agréées par la société, qui établissent sens et référent.

Freud et la théorie de l'inconscient

La « thérapie » proposée par Wittgenstein à la maladie linguistique dont souffrait la philosophie doit beaucoup à un autre Viennois, **Sigmund Freud** (1856-1939), le fondateur de la psychanalyse. Freud énonça une théorie capitale selon laquelle l'inconscient reposait sur la sexualité. Il se basait sur la neurophysiologie et sur son expérience clinique. Mais l'idée que nous sommes souvent « inconscient » de nos propres processus mentaux n'avait pas échappé aux philosophes du XIXe siècle, Schopenhauer en tête. Freud alla plus loin en énonçant que la civilisation elle-même n'est possible que par la répression inconsciente de la sexualité, ce qui file un sacré coup à la quête d'une rationalité objective.

Jean-Paul Sartre fait partie de ceux qui réfutaient la théorie de Freud parce qu'elle n'était pas vérifiable empiriquement.

La philosophie du langage ordinaire

Pour Wittgenstein, le philosophe moderne devait « montrer à la mouche comment sortir de la bouteille à mouches » : montrer comment la plupart des impasses philosophiques n'étaient dues qu'à des confusions linguistiques. **J.-L. Austin** (1911-1960), universitaire spécialisé dans la philosophie du « langage ordinaire », ouvrit d'autres « bouteilles à mouches » linguistiques. Il s'agissait d'examiner en détail comment des idées (la perception, la connaissance) étaient utilisées dans la langue de tous les jours. Austin introduisit le concept d'« actes de parole performatifs ». En deux mots, ça signifie que nous ne nous contentons pas de *dire* quelque chose, nous *faisons* quelque chose. Si je dis à quelqu'un « on dirait qu'il va pleuvoir », j'effectue une série d'actions.

Le fantôme dans la machine

Gilbert Ryle (1900-1976), enseignant à Oxford, aboutit à une vision parallèle des « concepts ordinaires » grâce à l'empirisme britannique et à la phénoménologie de Brentano et Husserl. Les philosophes commettent souvent ce que Ryle appelle dans *The Concept of Mind* des « fautes de catégorie ». L'exemple le plus connu en est le mythe cartésien d'un esprit désincarné doué de pensée, comme un « fantôme dans la machine ».

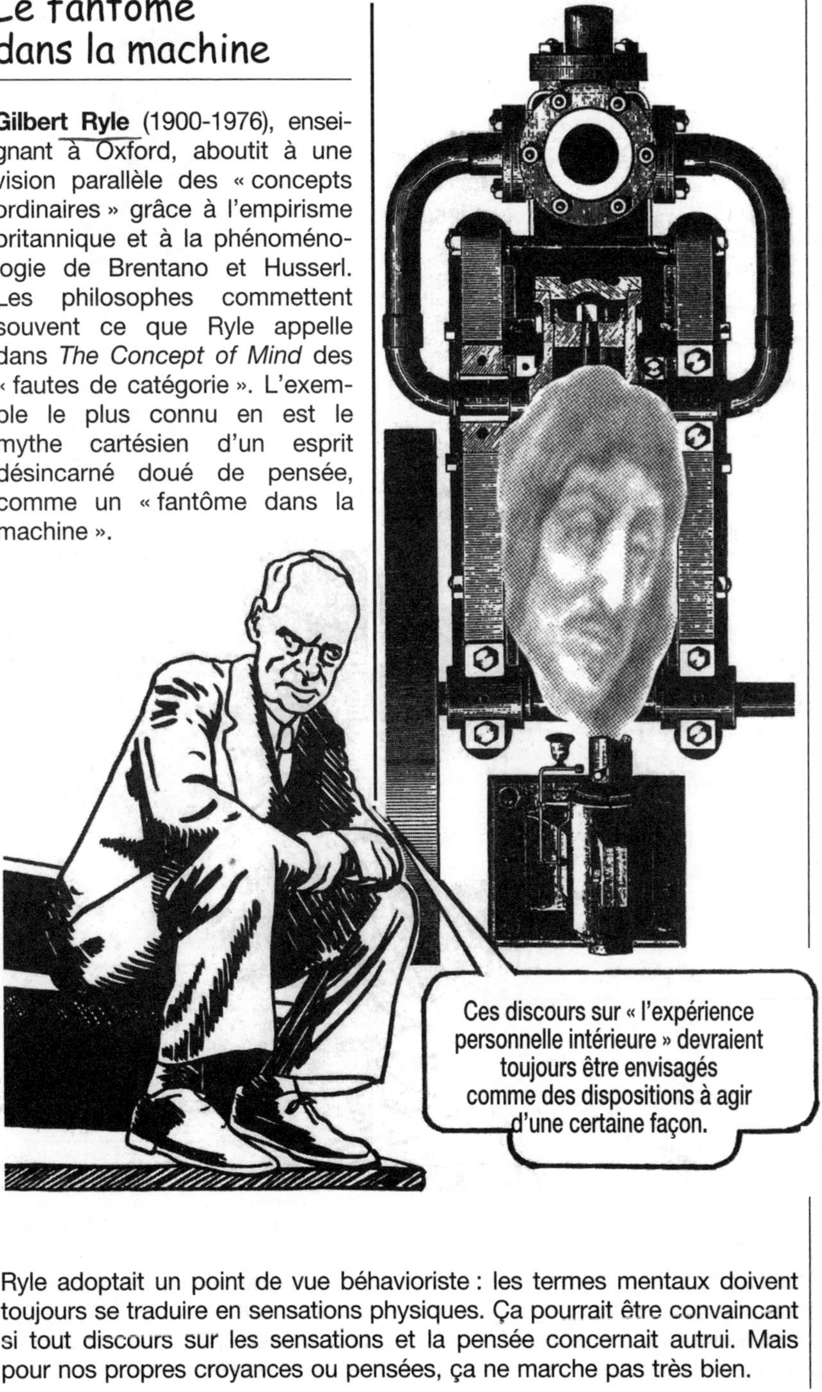

Ryle adoptait un point de vue béhavioriste : les termes mentaux doivent toujours se traduire en sensations physiques. Ça pourrait être convaincant si tout discours sur les sensations et la pensée concernait autrui. Mais pour nos propres croyances ou pensées, ça ne marche pas très bien.

La philosophie des sciences

La distinction entre philosophie continentale et philosophie analytique – distinction assez floue d'ailleurs, nous l'avons vu – est de toute façon moins importante que le fait que la science domine le XXe siècle. Ce sont les scientifiques, non les philosophes, qui ont changé notre vie, notre connaissance du monde et de nous-mêmes.

Il est facile de se laisser aveugler par ces succès et de tomber dans le « scientisme » – la foi aveugle dans la science, et l'idée naïve qu'elle peut résoudre tous les problèmes.

Il y a plusieurs sortes de scientifiques. Certains portent des blouses blanches et utilisent du matériel hors de prix, d'autres se contentent d'écrire des formules mathématiques incompréhensibles sur des tableaux noirs. Mais tous sont des scientifiques, parce qu'ils emploient une « méthode » scientifique qui débouche sur le même type de savoir. La connaissance scientifique est perçue comme universelle, quantifiable, empirique et capable de prédiction. Un spécialiste des grenouilles doit être capable de parler de toutes les grenouilles.

La méthode inductive

Alors, d'où les scientifiques tirent-ils leurs théories ? L'une des méthodes employées est l'induction. On observe un grand nombre de grenouilles qui nagent et marchent, dans différentes circonstances, pour aboutir à l'idée qu'elles sont amphibies. Mais, il y a deux cents ans, Hume a fait remarquer que l'induction ne fournit qu'une probabilité, non une certitude.

Mais voir, est-ce prouver ? Ce que nous voyons est souvent influencé par notre conditionnement. Il est difficile d'échapper à tous nos préjugés, et impossible de décrire ce que nous voyons dans une langue « objective ».

Voir, ce n'est pas seulement recevoir passivement des données sensorielles, c'est aussi un processus complexe de réception, de sélection et de classement d'informations.

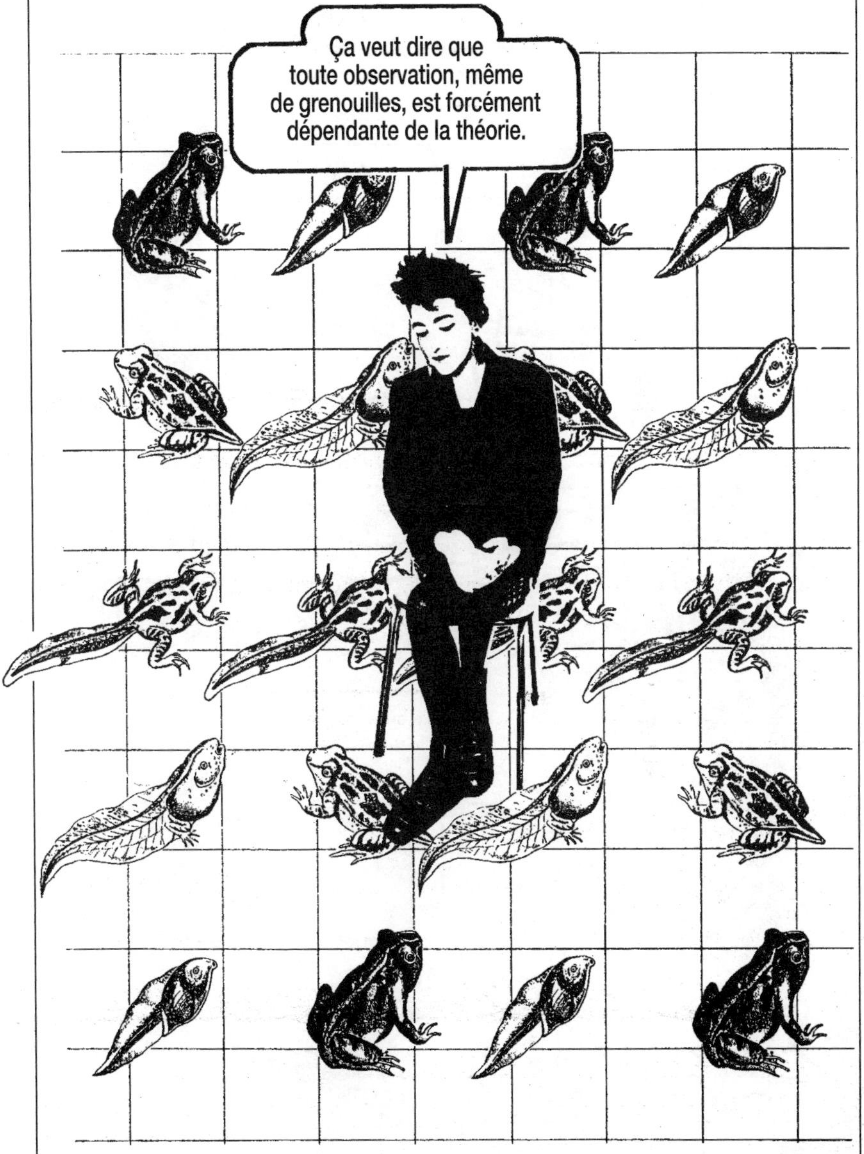

Notre scientifique a forcément des idées préconçues sur les grenouilles, la nage, le nombre d'individus qu'il doit observer, avant de formuler sa théorie. Une science basée sur l'induction ne sera jamais absolument certaine à cause de son fondement humain et empirique.

Falsification

Karl Popper (1902-1994) a suggéré que la « théorie de la falsification » serait une approche plus raisonnable des procédures scientifiques. Les vrais scientifiques feront toujours remarquer qu'il existe des failles à leurs théories, failles décelables par une observation contradictoire.

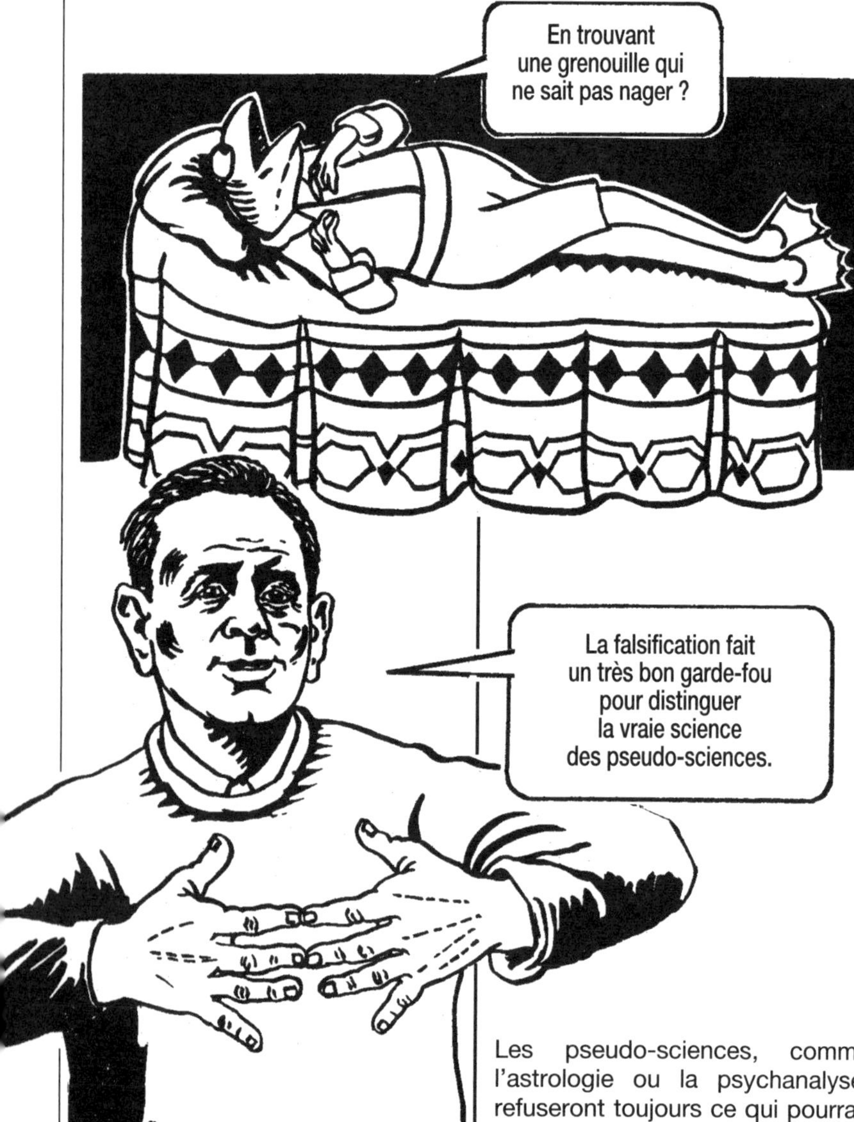

Les pseudo-sciences, comme l'astrologie ou la psychanalyse, refuseront toujours ce qui pourrait les contredire.

Mais comme méthode scientifique, la falsification pose des problèmes. Si nos observations du monde sont toujours dépendantes de la théorie, pourquoi une seule observation devrait-elle invalider une théorie scientifique complexe ? Que devons nous favoriser ? Les théories scientifiques sont complexes et interdépendantes ; il est donc difficile de les invalider sur la foi d'une seule observation. Et l'histoire nous apprend que les savants ont toujours été réticents à l'idée de saborder leur travail pour une petite contradiction de rien du tout. Parfois ils ont eu raison de s'obstiner… mais pas toujours.

Max Planck (1858-1947) est un cas intéressant. La physique quantique naît lorsqu'il fait une découverte mathématique qui semble violer la sacro-sainte deuxième loi de thermodynamique.

Thomas Kuhn

Pour Popper, la science est un escalier roulant capricieux mais systématique, alimenté par la raison, qui progresse en accumulant les « vérités » scientifiques. **Thomas Kuhn** (né en 1922) a mis en cause cette idée naïve. En étudiant l'histoire des sciences, il s'est posé une question : comment une communauté de scientifiques pratique-t-elle concrètement sa spécialité ?

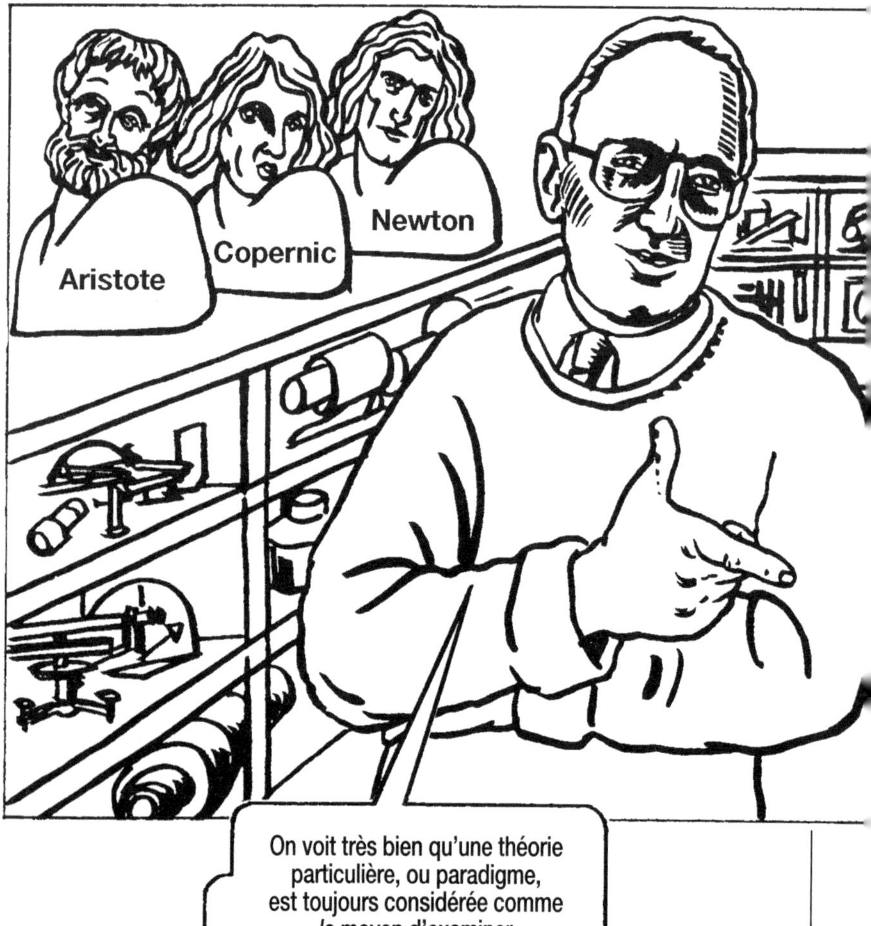

Mais au fil du temps, les paradigmes changent. Les paradigmes cosmologiques ont successivement été aristotélicien, ptoléméen, copernicien et newtonien ; aujourd'hui, einsteinien.

Alors, pourquoi les paradigmes changent-ils ? Parce qu'ils accumulent les problèmes non résolus nés des questions posées par les scientifiques eux-mêmes. Les affirmations de Galilée ou d'Einstein déclenchèrent des crises dans le paradigme de leur époque.

Les théories scientifiques sur les sphères célestes ou les rayons lumineux s'effondrent parce qu'elles ne peuvent intégrer les idées nouvelles. Kuhn explique que la science progresse par révolutions successives, non par un processus continu. La science n'est en fait pas si éloignée de la religion. Les nouvelles sciences se font accepter non grâce à la force de persuasion d'évidences lumineuses, mais parce que de vieux savants meurent et que des jeunes les remplacent.

L'anarchisme épistémologique

Les scientifiques avaient l'impression que Kuhn menaçait la rationalité des sciences ; ce n'était pas le cas. La plus virulente attaque contre la science est peut-être due à **Paul Feyerabend** (1924-1994), d'origine autrichienne. Dans *Contre la méthode* (1974), il décrit la montée des sciences comme un ensemble de théories concurrentes, ce qu'il appelle l'« anarchisme épistémologique ».

Il est idiot de penser que la science – dont la force vient de son pluralisme anarchique – peut être gouvernée par un ensemble fixe de règles méthodiques. Et puis, la connaissance scientifique n'a rien d'intrinsèquement « supérieur ».

De moderne à postmoderne

La philosophie moderne naît avec Descartes et sa tentative de découvrir une vérité certaine, une base empirique, même au prix de la « réalité ». Pour lui, cette base doit être le *cogito*, « Je pense, donc je suis ».

Les doutes quant à l'existence du moi, l'objectivité de la vérité, et le sens du langage ont cru et embelli depuis Descartes pour aboutir à une crise de la connaissance, le postmodernisme.

Les trois grands « Si » du postmodernisme

La philosophie postmoderne, c'est important, est hantée par trois « si » :

Si nous ne pouvons plus être sûrs que la pensée est nôtre…

Si le sens des signes linguistiques autonomes change constamment…

Si le langage qui nous permet de penser n'a pas de référent dans le monde extérieur…

Alors, la philosophie est mal partie, de même que la logique et la science.

La clé du scepticisme postmoderne, c'est le problème du langage, ou plus précisément de l'illusion qu'il a un sens.

Nietzsche : l'illusion de la vérité

Le scepticisme postmoderne a toujours été en germe dans la philosophie européenne, depuis que Cratyle a refusé de parler parce que le sens des mots était instable. Un autre fondateur du postmodernisme, plus contemporain, est Nietzsche, qui disait que le langage ne pouvait être que métaphorique.

Nietzsche pensait que la « connaissance » n'était que ce que les forts imposaient aux plus faibles.

Langage et réalité

Le scepticisme postmoderne n'est pas simplement un caprice, c'est surtout la conséquence inévitable de l'histoire. Le langage, le sens, la connaissance ont été cause de terribles disputes, nous avons beaucoup parlé. Voilà trois philosophes très différents, Heidegger, Wittgenstein et Jacques Derrida, qui s'interrogent sur la relation entre langage et réalité.

Qu'est-ce qu'ils disent, au fond ? Heidegger : En tant qu'êtres humains, nous ne pouvons séparer le langage de la réalité. Wittgenstein : Il n'y a que des « jeux de langage » limités, et la philosophie occidentale est l'un d'eux. Derrida : Nous pouvons utiliser le langage pour penser et communiquer, mais ne disposons d'aucun moyen objectif de savoir quelle relation il a avec la réalité « extérieure ». Nos pensées sont prisonnières du langage.

Un système de signes

Ferdinand de Saussure (1857-1913), linguiste suisse, fonda le structuralisme et la sémiologie. Il cessa de chercher le « sens » du langage pour tenter de décrire son utilisation. Le « sens » linguistique ne vient pas d'une correspondance avec les choses « extérieures » mais des relations entre les signes eux-mêmes et de leur position dans un système de signifiants.

Ou, selon la formule de Saussure : « Dans une langue, il n'y a que des différences, pas de termes fixes. »

Les structuralistes

Saussure fut l'inspirateur des critiques structuralistes des années soixante – particulièrement véhémentes en France – qui entreprirent d'étudier la philosophie comme une forme de discours parmi d'autres. Tout discours partage un système de signes dans lequel le trait structurel saillant est le code des opposés binaires. Par exemple, le concept d'« âme » tire son sens de son opposé, « corps », « lumière » d'« obscurité », « naturel » de « culturel », etc. L'anthropologue **Claude Lévi-Strauss** (né en 1908) soutient qu'un système de codes binaires est à l'œuvre dans toutes les cultures.

Pour les structuralistes, le monde est organisé en systèmes emboîtés alliés à des structures génétiques dotées de leurs propres grammaires ouvertes à l'analyse. Cette idée fut renversée à la fin des années soixante par les post-structuralistes **Roland Barthes** (1915-1980), **Julia Kristeva** (née en 1941) et **Jacques Derrida** (né en 1930).

Le rôle du critique ou du philosophe est de repérer ces glissements de sens et de « comparer le texte à lui-même ».

Derrida et la déconstruction

La leçon post-structuraliste s'applique aux textes philosophiques. Eux aussi peuvent être comparés à eux-mêmes. C'est là l'essentiel de la stratégie de déconstruction de Derrida. Ce n'est pas une « méthode », plutôt une thérapie au sens que Wittgenstein donne à ce mot. Il ne cherche pas le sens profond, l'unité, mais révèle des sens multiples qui s'affrontent inconsciemment au sein du texte. L'inconscient, ici, ce sont les polarités binaires qui soulignent des idées métaphysiques.

Dans une opposition binaire
un élément est toujours
privilégié par rapport
à l'autre...

Homme – – Femme

Lumière – – Obscurité

Raison – – Émotion

Présence – – Absence

Les termes privilégiés se glissent dans le système qui produit les hiérarchies socio-culturelles.

Le logocentrisme

La déconstruction met au jour les contradictions internes et les glissements de sens dans le texte, afin de nous rappeler que son sens actuel n'est que celui qu'une idéologie culturelle et politique lui a imprimé. Pour Derrida, il y a erreur sur la personne. Les philosophes ont toujours estimé que les mots transmettent un sens qui atteint l'esprit sans ambiguïté.

La philosophie s'appuie sur une relation directe entre les mots et le sens ; c'est une garantie. Là réside, pour Derrida, l'erreur du logocentrisme qui peut déboucher sur le « langage de raison » totalitaire – il supprime et exclut tout ce qui ne colle pas parfaitement.

L'inexistence du moi

Derrida s'en prend au fondationalisme, qui veut que certaines croyances fondamentales n'aient pas besoin de justification extérieure. La pierre angulaire de cette idée, c'est le *cogito* cartésien. Le psychanalyste **Jacques Lacan** (1901-1981) a émis l'idée plutôt désagréable que le « moi » est une fiction – dure nouvelle pour les cartésiens et les phénoménologistes en quête d'une certitude ancrée dans l'identité. Une identité personnelle et unique n'est qu'une illusion commode qui nous rassure et réunit des expériences éparses.

Pour Lacan, notre inconscient, tout au fond de nous, est structuré comme un langage. Ce n'est que lorsque l'enfant acquiert le langage qu'il entre dans le monde social et devient un « je ».

La mort des grands récits

Le postmodernisme introduit la philosophie dans l'arène de l'histoire politico-sociale. À ce sujet, **Jean-François Lyotard** (1924-1998) est responsable de l'écroulement d'un autre mythe : l'idée même de progrès, en vigueur depuis les Lumières. Le modernisme du XXe siècle, naïf, en a hérité la foi dans les « grands récits » d'émancipation, de création de richesses et de vérité universelle. Dans *La Condition postmoderne* (1979), Lyotard avance que ces « grands récits » d'une société rationnelle et ordonnée ont vécu.

Nous avons connu le fascisme, assisté à la fin du communisme ; nous vivons à présent dans des économies mafieuses dominées par l'économie de marché et menacées par les problèmes environnementaux. Si ce sont là les résultats de la « raison objective », il doit y avoir un problème quelque part !

Foucault : les jeux de pouvoir

Michel Foucault (1926-1984), autre grand penseur postmoderne, va plus loin encore. Il estime que le pouvoir et le savoir sont complices. Depuis les Lumières, les systèmes de répression sociale se sont développés parallèlement aux sciences humaines. La philosophie elle-même est complice de ces jeux de pouvoir qui utilisent la domination pour exclure certains. Foucault a repris le concept nietzschéen de « généalogie » pour soutenir ses propres analyses socio-historiques.

La connaissance institutionnalisée est un instrument de pouvoir qui traite en malades les « fous », les « criminels », les « déviants sexuels ».

Un monde d'hyper-réalité

Les penseurs postmodernes soutiennent l'idée d'une pluralité de points de vue et s'opposent à tous les systèmes légaux. Ils nous présentent un monde fragmentaire, cauchemardesque, d'« hyper-réalité », théorisé par Jean Baudrillard (né en 1929).

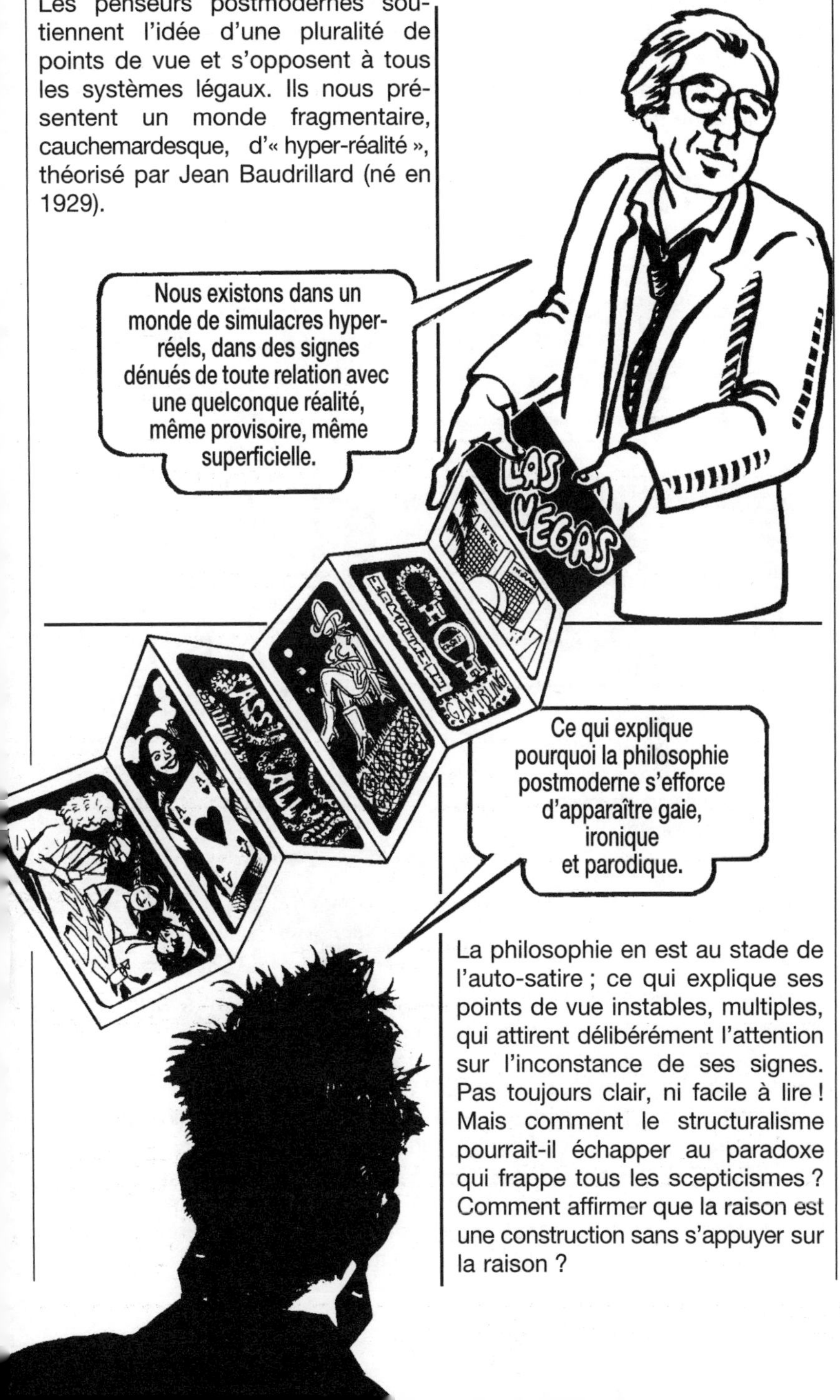

La philosophie en est au stade de l'auto-satire ; ce qui explique ses points de vue instables, multiples, qui attirent délibérément l'attention sur l'inconstance de ses signes. Pas toujours clair, ni facile à lire ! Mais comment le structuralisme pourrait-il échapper au paradoxe qui frappe tous les scepticismes ? Comment affirmer que la raison est une construction sans s'appuyer sur la raison ?

Et la science ?

Aucune branche du savoir humain n'échappe à la corrosion de ce post-modernisme radical. La science et la logique, elles aussi, sont accusées d'être des « constructions », de simples interprétations de l'expérience. Il n'y a pas de réalité intemporelle universelle, et pas de conscience certaine de cette réalité.

Aujourd'hui, la plupart des scientifiques restent sagement évasifs quand on leur parle de vérité ; ils reconnaissent que leur savoir n'est que provisoire. Beaucoup admettent qu'ils ne croient plus en une nature régie par des lois que les scientifiques peuvent découvrir. Einstein et sa théorie de la relativité, Bohr et la mécanique quantique, le principe d'incertitude de Heisenberg donnent à l'observateur un rôle central dans la connaissance scientifique. Et si Kuhn a raison, les scientifiques sont des croyants plutôt que des chercheurs impartiaux, et leur science est hantée par les paradigmes – rarement remis en question – de leur communauté. Ça, c'est le point de vue relativiste, mais il y en a un autre…

Le point de vue réaliste

Mais le scepticisme postmoderne ne convainc ni tous les scientifiques, ni tous les philosophes. Nombreux sont ceux qui rejettent l'idée que les connaissances apportées par les sciences « exactes » ne sont qu'« un discours parmi d'autres » ou une « construction sociale » dépendante d'une idéologie occidentale.

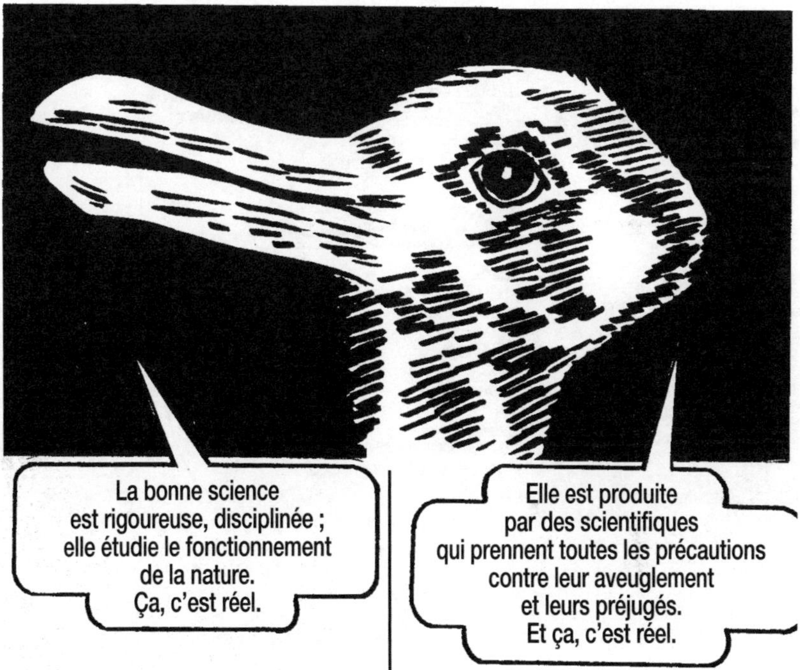

Les méthodes d'expérimentation ont, c'est indéniable, été bénéfiques en cosmologie, en génétique, dans plein de domaines. Les kilomètres, les secondes et toutes les mesures sont peut-être des constructions sociales, mais la vitesse de la lumière est un fait scientifique très réel, et sera toujours de 299 792 458 mètres par seconde. Ça ne dépend pas de la personne qui sait cela, et ça ne bougera pas !

Regardez bien !

La philosophie occidentale d'un seul coup d'œil

LOGIQUE, LANGAGE, SENS ET PENSÉE

PARMÉNIDE
IMPORTANCE DE LA RAISON

ARISTOTE
LOGIQUE DÉDUCTIVE

ABÉLARD
NOMINALISME ; UNIVERSAUX

HEGEL
DIALECTIQUE

PHILOSOPHIE ANALYTIQUE

FREGE, RUSSELL
LOGIQUE SYMBOLIQUE ; MATHÉMATIQUES
SENS ET RÉFÉRENT
ATOMISME LOGIQUE

POSITIVISME LOGIQUE
SENS DÉRIVÉ DE LA TESTABILITÉ

WITTGENSTEIN
(JEUX DE) LANGAGE

AUSTIN
LANGAGE ORDINAIRE, ACTES DE PAROLE

C.S. PEIRCE
SÉMIOTIQUE

STRUCTURALISTES
LEVI-STRAUSS

POST-STRUCTURALISTES
BARTHES

DÉCONSTRUCTION
DERRIDA
PERTE DE LA CONFIANCE EN LA POSSIBILITÉ D'UN LANGAGE LOGIQUE OBJECTIF OU PARFAIT.

RELATIVISME

SCEPTICISME

ÉPISTÉMOLOGIE – QUE POUVONS NOUS SAVOIR, ET AVEC QUEL DEGRÉ DE CERTITUDE ?

CONNAISSANCE EMPIRIQUE DU MONDE « EXTÉRIEUR »

PLATON
COPIES DE TROISIÈME ORDRE, DOUTEUSES

ARISTOTE
OBSERVATION ET INDUCTION

FRANCIS BACON
INDUCTION ET SCIENCE

DESCARTES
MANQUE DE FIABILITÉ DES SENS

EMPIRISTES BRITANNIQUES

LOCKE
QUALITÉS PRIMAIRES ET SECONDAIRES

BERKELEY
PAS DE MONDE EXTÉRIEUR (IDÉALISME)

HUME
NOTRE « CONNAISSANCE » PLUS PSYCHOLOGIQUE QUE LOGIQUE

CONCEPTS A PRIORI, PENSÉE, ESPRIT

PLATON
MATHÉMATIQUES
LES FORMES
L'INNÉ

DESCARTES
CERTITUDE DE LA PENSÉE CONSCIENTE
MATHS ET DIEU

KANT
IDÉALISME TRANSCENDANTAL : NOTRE EXPÉRIENCE DU MONDE VIENT DE NOTRE APPAREIL CONCEPTUEL INNÉ.

HEGEL
LES CONNAISSANCES HUMAINES SERONT TOUJOURS DYNAMIQUES ET HISTORIQUES

PRAGMATISME AMÉRICAIN

PEIRCE, JAMES, DEWEY
LA VALEUR MARCHANDE DE LA CONNAISSANCE

PHILOSOPHIE DES SCIENCES

POPPER
FALSIFICATION

KUHN
PARADIGMES

FEYERABEND
CONTRE LA MÉTHODE

PHÉNOMÉNOLOGIE

BRENTANO, HUSSERL
INVESTIGATION DE LA CONSCIENCE

HEIDEGGER, SARTRE
UN ÊTRE HUMAIN, C'EST PLUS QU'UNE CONSCIENCE

MAIS C'EST DANS L'AIR DEPUIS LES GRECS

MÉTAPHYSIQUE, ESPACE ET TEMPS, CAUSALITÉ, APPARENCE ET RÉALITÉ, DIEU

PHILOSOPHES PRÉSOCRATIQUES
COMMENT L'UNIVERS EST-IL CONSTITUÉ ?
EAU ? AIR ? FEU ? MATHS ? ATOMES ?

PLATON
LES FORMES

ARISTOTE
LES CAUSES FINALES

LES PÈRES DE L'ÉGLISE ET LA SCOLASTIQUE
PEUT-ON PROUVER L'EXISTENCE DE DIEU ?

DESCARTES
DUALISME - ESPRIT/MATIÈRE

SPINOZA
MONISME – UNE SUBSTANCE

LEIBNIZ
MONADOLOGIE – SUBSTANCES MONADIQUES

BERKELEY
IDÉALISME

KANT
MONDES PHÉNOMÉNAL ET NOUMÉNAL

HEGEL
IDÉALISME DIALECTIQUE

rejeté par :
FEUERBACH
MATÉRIALISME RADICAL
MARX
MATÉRIALISME DIALECTIQUE

POSITIVISME LOGIQUE
LA MÉTAPHYSIQUE EST UN NON-SENS

WITTGENSTEIN
CE QUE L'ON NE PEUT PAS DIRE, IL FAUT LE TAIRE

PHYRRON, DIOGÈNE, SEXTUS EMPIRICUS

DESCARTES
DOUTE CARTÉSIEN

HUME
INDUCTION, CAUSALITÉ, CONNAISSANCE ÉTHIQUE, LE MOI

ÉTHIQUE

SOPHISTES
RELATIVISME
THÉORIE DU CONTRAT

SOCRATE
LA CONNAISSANCE, C'EST LA VERTU

PLATON
LES EXPERTS DU BIEN ET DU MAL

ARISTOTE
ÉPICURIENS ET STOÏQUES
MORALITÉ COMME APTITUDE PRATIQUE

THÉOLOGIE CHRÉTIENNE
VOLONTÉ DIVINE
HUME
ÊTRE-DEVOIR. PAS DE FAITS MORAUX

KANT
DÉONTOLOGIE : LA RAISON NOUS FIXE NOS DEVOIRS

UTILITARIANISME
BONHEUR PUBLIC

SARTRE
CHOIX INDIVIDUEL - RESPONSABILITÉ

NIETZSCHE
LE LANGAGE EST MÉTAPHORIQUE, LA VÉRITÉ INACCESSIBLE

WITTGENSTEIN
LA PHILOSOPHIE COMME JEU DE LANGAGE

POLITIQUE, NATURE HUMAINE, AUTORITÉ, DROITS

PLATON
DICTATURE DOUCE

ARISTOTE
DÉMOCRATIE PLUS ESCLAVAGE

MACHIAVEL
DIRIGEANTS SANS SCRUPULES

HOBBES
THÉORIE DU CONTRAT

ROUSSEAU
LA VOLONTÉ GÉNÉRALE

HEGEL
L'ÉTAT PRUSSIEN

MARX
COMBAT DIALECTIQUE

GRAMSCI, MARCUSE, FOUCAULT
POUVOIR IDÉOLOGIQUE DE L'ÉTAT

POSTMODERNISME

LANGAGE
SYSTÈME AUTONOME ARBITRAIRE DE SIGNES DONT LA RELATION À LA RÉALITÉ EST DOUTEUSE.

LYOTARD
HOSTILE AUX LUMIÈRES
CULTE DE LA RAISON

DERRIDA
DÉCONSTRUCTION

LACAN
LA FICTION DU « MOI »

FOUCAULT
CONNAISSANCE ET POUVOIR

MAIS... PEUT-ÊTRE Y A-T-IL DES VÉRITÉS OBJECTIVES QUI NE SONT PAS DE SIMPLES CONSTRUCTIONS SOCIALES...

La traductrice tient à remercier :

Viviane Bories, Jean-Christophe Delmas,
Pierre-Antoine Labejof, Olivier Vescovi,
ainsi que Jalie Barcilon et Guillaume Robert.

Dans la même Collection

Les Maths sans aspirine

La Génétique sans aspirine

Le Chaos sans aspirine

Achevé d'imprimer en août 2001
par Normandie Roto Impression s.a.
61250 Lonrai
Dépôt légal : août 2001 - N° d'imprimeur : 012154
N° d'édition : FF 803401

Imprimé en France